1조원 노벨재단을 설립한
이종환 할아버지의 꿈

상수리 인물 책방 🌰상수리

상수리 인물 책방은 어린이들이 모르고 있는
위인들의 삶을 다시 읽기 위해서 만든 상수리만의 방입니다.
앞으로 어린이 여러분들이 상수리 인물 책방에 나오는 책들을 읽고
훌륭한 위인들의 교훈을 배우고, 감동적인 이야기에 눈물도 흘리면서
몸과 마음이 튼실하게 성장하기 바랍니다.
상수리 인물 책방의 문은 항상 열려 있습니다.

상수리 인물 책방 03

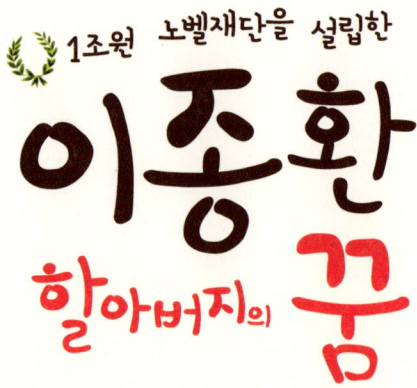

1조원 노벨재단을 설립한

이종환 할아버지의 꿈

이윤 글 | 민들레 그림

상수리

꿈을 이루고 싶은 어린이들에게

얼마 전에 초등학교를 방문하였어요.

"바닷물을 썩지 않게 하는 것은 단 3%의 소금이다."

새내기 선생님이 아이들과 의논하여 교육 목표로 정한 급훈이었어요.

소금 3%가 바다를 썩지 않게 만들다니 얼마나 놀랍고 신비로운 일인가요.

바다가 썩지 않았으니 그 많은 종류의 생물도 살 수 있지요. 또 바다는 사람들뿐만 아니라 수많은 생명에게 양식들을 주고받기도 하지요. 물론 소금 3%만이 바다가 썩지 않게 한 것은 아니지요. 바

람과, 햇볕 등 여러 가지가 함께한 것이지요. 하지만 잠깐만 생각해 봐요. 소금 3%의 역할이 얼마나 중요한지 금방 알 수 있어요.

성경에 이런 말도 있지요.
"너희는 세상의 소금이 되어라."
세상의 소금이 되어, 세상을 더 아름답게 만들라는 성인의 목소리가 들리는 것만 같아요.
3%의 소금이 바닷물을 썩지 않게 만들었듯이 '3%의 사람들이 세상을 썩지 않게 만들 수 있겠다'는 생각을 했어요. 어쩌면 지금의 우리 사회도, 3%의 훌륭한 사람들이 있어 어린이들이 꿈을 키우며 살고 있는지도 몰라요.

어린 시절에 읽는 인물 이야기는 매우 중요하다고 생각해요. 인물 이야기에는 한 사람의 삶이 고스란히 담겨 있기 때문이지요. 인물이 살아온 삶을 통해 꿈을 키우는 어린이, 어려움을 극복하고 힘을 얻는 어린이, 정의로움을 배우는 어린이가 되었으면 좋겠어요.
그런 뜻에서 이 책을 읽는 어린이들도 나눔을 실천하며 사는 인물에 대해 공감할 수 있었으면 좋겠어요. 저는 어린이들이 이런 모습을 닮았으면 좋겠다는 작은 바람을 갖고 이 책을 썼답니다.

여기 관정 이종환 회장님은 일제 강점기에 태어나서 지금까지 쭉 기업인으로 산 인물이지요. 기업을 경영하는 사람들은 돈을 많이 벌어 부자가 되는 게 목표인데요. 이종환 회장님은 좀 특별했습니다. 돈을 많이 벌어서 부자밖에 더 되겠냐고 스스로 되물으셨대요.

그래서 〈관정 교육재단〉을 설립하여 학생들이 꿈을 잃지 않고 공부할 수 있도록 지원하고 있어요. 더욱이 관정 장학금을 받은 학생들에게 당부한답니다. 받은 것을 돌려줄 생각 말고, 열심히 공부하여 필요한 사람들에게 나눔을 실천하라고요.

해마다 관정 장학생들이 늘어나고 있어요. 그러니 나눔을 실천하는 사람들도 늘어나겠지요. 그래요, 먼저 나눔을 실천한 인물과 나눔을 받고 또 다른 나눔을 실천하는 사람들은 바로 우리 사회의 소금 같은 사람들이 아닐까요.

요즘 우리 사회에 많은 일들이 일어나고 있어요. 갈수록 빈익빈 부익부 현상에서 오는 불평등한 갈등도 있지요. 이럴 때일수록 노블리스 오블리제를 실천하는 사람들이 많아진다면 지금보다 더 따뜻한 세상이 되겠지요. 소금 3%가 된다는 것은 바다를 살리는 일이고, 아름다운 세상을 만드는 일이에요.

우리 모두 세상에 소금이 되어 아름다운 세상을 만들어 봐요. 서

로가 서로에게 힘이 되어 주고, 서로가 서로에게 희망이 되어 주는 건강한 세상을요!

2014년 봄날에 이윤

차례

작가의 말 ··· 6

프롤로그 좋은 세상을 만들어 주세요! ··· 12

해의 기운을 품고 태어나다 ··· 20
금덩이보다 **소중한 책** 한 권 ··· 23
골목대장 환, **약속의 중요성**을 알다 ··· 27
쌀자루 사건 ··· 31
어린 시절의 **방황** ··· 40
왜 **공부**를 해야 하나요? ··· 50
유도로 **나라 잃은 설움**을 달래다 ··· 53
호랑이를 잡으려면 **호랑이 굴로** ··· 60
일본 유학길에 오르다 ··· 64
죽을 **고비**를 넘기고 ··· 71

시련은 **인생 공부**가 되고 … 76

장사는 어려워 … 80

삼영화학 공업사를 설립하다 … 86

기회는 준비된 사람에게만 온다 … 92

멈추지 않는 **도전 정신** … 96

큰 구두쇠 이종환 … 101

구두쇠 **경영 철학** … 107

정도의 길을 걷다 … 111

나눔을 실천하는 기업인 … 115

노블레스 **오블리주** … 120

사람이 **희망**이다 … 125

좋은 세상을 만들어 주세요!

프롤로그

2002년 4월 30일, 서울에 있는 한국프레스센터에는 이른 아침부터 사람들로 북적였습니다. 삼영그룹의 이종환 회장이 평생 근검절약하여 모은 재산으로 국내 최대 규모의 〈관정 이종환 교육재단〉을 세워 첫 장학금을 수여하는 날이기 때문입니다.

관정은 '최고와 최선을 향해 나아가겠다'는 의지를 담은 이종환의 호입니다.

전국에서 선발된 장학생들과 부모님, 각 대학의 관계자들, 언론사 기자 등 한국프레스센터 국제 회의장은 사람들로 가득 찼습니다. 사람들은 이 많은 장학생을 선발하여 장학금을 주는 사람이

누구인지 궁금했습니다.

"안녕하세요, 어디서 오셨어요?"

한복을 곱게 입은 아주머니 한 분이 옆 좌석에 앉은 아주머니에게 말을 건넸습니다.

"전 청주에서 왔어요. 아들이 장학금을 탄다고 해서요. 아이 아빠도 오고 싶었을 텐데, 벌써 몇 년째 병원에 입원 중이라……."

아주머니는 긴 한숨을 내쉬었습니다.

"우리 아들이 참 착해요. 아빠가 병원에 입원 중이라 대학은 꿈에도 생각지 못했는데 포기하지 않고 식구들 몰래 공부해서 대학에 척 붙더라고요. 그런데도 기쁘기보다는 등록금 걱정이 먼저였어요. 하늘이 도왔는지 이렇게 큰 장학금을 받게 되어 꿈 같은 일이 생겼지 뭐예요? 우리 아들이 자랑스럽기도 하고, 또 맘껏 공부할 수 있도록 장학금을 주는 회장님이 고마워서 어떤 분인지 꼭 한 번 뵙고 싶어 왔어요."

"장한 아드님을 두셨네요. 축하드려요. 제 딸도 이번에 장학금을 받는답니다. 저기 보이죠? 제 딸이에요."

아주머니가 손가락으로 한 여학생의 뒷모습을 가리키며 말했습니다.

그때 갑자기 웅성거리는 소리가 커지더니, 여기저기서 카메라 셔

터가 터졌습니다. 그리고 백발의 할아버지가 성큼성큼 걸어 앞자리에 앉았습니다. 바로 관정 이종환입니다.

"여러분, 잠시 정숙해 주시기 바랍니다."

행사 시작을 알리는 사회자가 부탁을 했습니다. 둘레가 조용해지자 재단의 고문이 '관정 이종환의 발자취'라는 제목으로 이종환이 그동안 살아온 삶을 소개했습니다. "어제의 구두쇠가 오늘의 천사가 되었습니다"라는 마지막 문구에 사람들은 웃음을 터뜨렸습니다.

이어서 관정 이종환이 연단에 섰습니다. 이종환은 다소 긴장된 목소리로 인사말을 시작했습니다.

"안녕하십니까? 이종환입니다. 저는 평생 기업 경영에만 몰두하여 작지만 강한 삼영 그룹을 일구어 냈습니다. 이제는 기업을 성장하게 만들어 준 우리 사회에 보답하고자 합니다. 저의 꿈은 지금보다 더 좋은 세상을 만드는 것입니다. 좋은 세상이란 과연 어떤 세상일까요?"

이종환은 잠시 침묵한 뒤 말을 이어 갔습니다.

"우리 세대는 나라 잃은 설움도 겪었고, 학도병으로 끌려가 남의 땅에서 군 생활도 했습니다. 힘없고 가난한 나라에서 태어났기 때문에 겪는 서러움이었죠. 저는 우리 젊은이들이 저와 같은 서러움

을 겪지 않고 마음껏 공부하며 꿈꿀 수 있는 안정된 나라가 좋은 세상이라고 생각합니다."

사람들이 힘차게 박수를 쳤습니다. 박수 소리에 이종환은 잠시 말을 멈췄다가 다시 시작했습니다.

"우리나라는 지하자원이 부족하지만 뛰어난 인재가 많습니다. 하지만 아무리 뛰어난 인재라도 갈고 닦지 않으면 녹슬기 마련입니다. 우리 속담에 구슬이 서 말이라도 꿰어야 보배라는 말이 있습니다. 뛰어난 인재가 바로 구슬이고, 우리 〈관정 교육재단〉에서는 구슬을 꿰어 보배로 만드는 역할을 할 것입니다. 보배로 성장한 우리 학생들 중에 아인슈타인 같은 인물이 나와 노벨상을 받고, 빌게이츠 같은 인물이 나와 나눔을 실천할 수 있다면 얼마나 행복한 일입니까. 그리고 노벨재단이 인류 역사의 발전과 함께하는 것처럼 〈관정 교육재단〉도 그렇게 성장할 수 있도록 할 것입니다.

관정 장학생 여러분, 열심히 공부해서 좋은 세상 만들어 주세요! 모두가 평화롭고 행복한 세상을요. 우리 대한민국뿐만 아니라 세계 인류 번영을 위해서도 노력해 주시기 바랍니다. 저는 여러분이 맘껏 공부할 수 있도록 아낌없이 지원하겠습니다."

이종환의 인사말이 끝나자 사람들은 행사장이 떠나가도록 박수를 쳤습니다.

단상에 서 있던 이종환은 박수 소리를 들으며 감회에 젖었습니다. 처음 플라스틱 컵을 만들어 시장에 내다 파는 것으로 시작하여 오늘의 삼영 그룹이 있기까지 앞만 보고 달려왔던 시간들, 고단했던 지난날들이 어제 일처럼 생생하게 떠올랐습니다.

그러나 지금 이 순간에는 관정 장학생들의 힘찬 눈빛을 보니 고단했던 지난날도 봄눈 녹듯이 사라졌습니다.

'세상에서 가장 존귀한 것은 남을 위해 봉사하고 결코 보답을 바라지 않는 것이다.'

이종환이 오래전부터 마음속에 품었던 성현의 말씀입니다. 이다음에 장학금을 주는 날, 자신도 꼭 그리하리라 다짐했습니다.

그래서 이종환은 관정 장학생에 선발되어도 어떠한 조건을 내걸지 않았습니다. 열심히 공부해서 자신의 재능을 필요한 곳에 나누며 사는 것이 〈관정〉의 나눔 정신입니다. 이 나눔 정신이 국내뿐만 아니라 세계 곳곳에도 자연스럽게 이어질 수 있도록 징검다리 역할을 하는 게 이종환 자신의 몫이라 생각했습니다.

"회장님, 평소 회장님은 구두쇠로 소문이 나 있는데요. 그렇게 구두쇠처럼 아껴서 모은 재산을 모두 재단에 내놓으셨는데 아깝지 않았습니까?"

인사말을 마치고 나서, 인터뷰 시간이 되자 한 신문 기자가 질문했습니다.

"물론 아깝죠, 아깝지 않은 사람이 어디 있겠어요?"

뜻밖의 솔직한 대답에 사람들은 모두 웃음을 터뜨렸습니다.

"하지만 세상은 평등해야 합니다. 돈이 없다고 해서 배우지 못한다면 얼마나 안타까운 일이겠습니까?

자식들에게 재산을 물려 주기보다는 자립할 수 있는 최소한의 것만 남겨 주고, 더 좋은 세상을 만들고 싶습니다. 누군가 저의 이런 뜻을 이어 갈 수 있도록 새 길을 낸다고 생각하면 흐뭇합니다."

평소 무뚝뚝하기로 소문난 이종환이 빙그레 웃었습니다.

"오늘 첫 번째 장학금을 주셨는데, 앞으로의 계획에 대해 간단히 말씀 좀 해 주세요."

"앞으로도 열심히 일해서 한 푼이라도 더 벌고, 구두쇠처럼 아껴 〈관정 교육재단〉의 기금을 늘리려고 합니다. 〈관정 교육재단〉을 노벨 재단처럼 영원하게 만드는 것이 저의 꿈입니다. 그래야 더 많은 우리 젊은이들에게 장학금을 줄 수 있고, 장학생들이 훌륭하게

성장하여 사회에 빛이 되고, 희망이 되면 그만큼, 우리 사회가 좋아지지 않겠습니까? 이것이 우리나라의 발전이요, 〈관정 교육재단〉의 발전이라 생각합니다."

백발의 이종환은 카랑카랑한 목소리로 말했습니다.

이종환은 〈관정 교육재단〉이 훌륭한 젊은이들에게 든든한 후원자가 되는 게 곧 나라를 위하는 길이고, 〈관정 교육재단〉이 걸어가야 할 길이라고 생각했습니다. 이종환은 오랜 세월 기업을 경영하면서, 기업이 성장할 때마다 커다란 성취감을 맛보았습니다. 그런데 지금, 〈관정 교육재단〉을 세워 첫 관정 장학생들을 만나고 보니 또 다른 성취감에 감격스럽기까지 합니다.

다음 날 아침 신문에는 우리나라에서 가장 큰 장학 재단인 〈관정 교육재단〉이 설립됐다는 기사가 실렸습니다. 대기업도 아니고 중소기업을 경영하는 사람이 어떻게 그 많은 재산을 장학 사업에 아낌없이 지원하게 됐는지 사람들은 궁금해했습니다.

관정 이종환이 교육재단을 설립한 힘은 어디에서 나왔을까요?

우리 같이 그의 이야기를 들어 볼까요?

해의 기운을 품고 태어나다

벌써 여섯 해가 지났지만 어머니는 아직도 그날의 꿈을 생생하게 기억합니다.

그해 여름은 유난히 더운데다 농사일로 눈코 뜰 새 없이 바빴습니다. 어머니는 온종일 집안일을 하느라 무척 고되었습니다. 저녁이 되자마자 피곤해서 까무룩 잠이 들었습니다. 그리고 꿈을 꾸었습니다.

꿈속에서 동그랗고 커다란 붉은 해가 하늘에 떠 있었습니다.

"해가 참 붉고 크구나."

어머니가 해를 보며 감탄을 하고 있는데 갑자기 해가 어머니의

품속으로 들어왔습니다.

"에구머니나!"

그 순간 힘찬 기운과 신비로운 기운이 온몸에 가득 차오르는 것을 느꼈습니다. 어머니는 뭐라 표현할 수 없을 만큼 기쁨에 젖었다가 잠에서 깼습니다.

'범상치 않은 꿈 같은데……. 무슨 꿈일까?'

어머니는 예사롭지 않던 그 꿈을 천천히 다시 떠올려 보았습니다. 꿈에서 보았던 동그랗고 커다란 붉은 해를 떠올리자 해의 힘찬 기운이 그대로 느껴지는 듯했습니다.

얼마 뒤 어머니는 임신했다는 사실을 알고, 그 꿈이 태몽이라는 것을 깨달았습니다.

어머니는 누구한테도 꿈에 대한 이야기를 하지 않았습니다. 힘찬 해의 기운이 조금이라도 달아날 것만 같았으니까요. 혼자만의 비밀로 태몽을 간직한 채 아침저녁으로 태교에 정성을 기울였습니다. 그렇게 하루 이틀 시간이 흘러 열 달이 되었습니다.

당시는 일본이 우리나라를 지배하던 일제 강점기의 서슬 퍼런 시대라서 온 나라가 우울했습니다. 하지만 색색이 피어나는 봄꽃들과 산새들의 지저귐이 사람들에게 힘내라고 응원하는 것만 같은 화창한 봄날이었습니다.

1923년 4월 10일 경남 의령군 용덕면 정동리 우무실 웃골마을에 경사가 났습니다. 태몽의 주인공인 이종환이 태어난 것이지요. 해의 기운을 품고 태어난 이종환은 유난히도 울음소리가 우렁찼습니다.

광주 이 씨 집안의 둘째 아들로 건강하게 태어난 종환은 가족에게 큰 기쁨을 주었습니다.

가족은 사랑 가득한 마음을 담아 이종환을 '환'이라고 불렀습니다.

금덩이보다 소중한 책 한 권

　　　　　　　　　어머니는 환이 일곱 살이
되자, 환이를 사랑방에서 할아버지와 같이 지내게 하였습니다.
　"환아, 우리 환이도 많이 컸으니 이제 사랑방에서 할아버지랑 같이 지내렴."
　"정말요?"
　환이 동그란 눈을 반짝이며 물었습니다.
　"그럼, 정말이고말고."
　어머니도 눈을 동그랗게 뜨고 환이와 눈 맞춤을 하였습니다. 환은 좋다거나 싫다는 말 없이 어머니와 마주 보고 웃었습니다.

"사랑방에 가면 할아버지 말씀도 잘 듣고, 할아버지 심부름도 하고, 할아버지가 가르쳐 주시는 공부도 하고……. 그래야 이다음에 큰 사람이 될 수 있단다."

어머니는 어린 환이의 어깨를 다독이며 말했습니다.

환이는 할아버지가 참 좋습니다. 할아버지는 어려운 한문도 능숙하게 읽고, 농사도 아주 잘 지으셨습니다. 특히 환이 궁금해하는 게 있으면 할아버지는 척척박사처럼 잘 가르쳐 주셨지요. 그리고 할아버지는 엄격한 집안의 어른이자 유교 집안의 근본을 가르치는 훌륭한 스승이기도 하셨습니다. 그러니 어머니는 어린 환이 할아버지와 함께 지내면서 지혜로운 아이로 성장하기를 바랐던 것이지요.

어린 환이는 할아버지가 얼마나 자신을 사랑하는지 잘 압니다. 그래서 할아버지와 함께 사랑방에서 지내는 것도 좋습니다.

할아버지는 둔촌공 이집 선생의 말씀을 생활 속에서 실천하며 살았습니다. 둔촌공 이집 선생은 고려 말의 유학자로 광주 이씨 가문을 일으킨 조상님이시지요. 가족에게도 둔촌공 이집 선생의 말씀을 자주 들려주셨습니다.

"자식들에게 광주리 가득 금덩어리를 주어도 경서 한 권 가르침보다는 못하니라."

이 역시 둔촌공 이집 선생의 말씀으로, 성현의 가르침이 얼마나 중요한지 강조하신 것이지요. 이집 선생의 말씀은 곧 할아버지의 교육관이기도 합니다. 그래서 아들에게도, 어린 손자에게도 이집 선생의 말씀은 어릴 때부터 배우고 익히는 중요한 가르침이 되었습니다. 어머니 역시 이집 선생의 말씀을 새기며 어린 환이가 할아버지 곁에서 잘 지낼 수 있도록 도왔습니다.

골목대장 환, 약속의 중요성을 알다

　　　　　　　　　어리광만 부리던 일곱 살 환은 할아버지와 함께 지내면서 제법 의젓해졌습니다. 환은 누가 시키지 않아도 스스로 아침에 일어나 고사리 같은 손으로 이불을 개고 방 청소도 하였습니다. 요강도 비우고 깨끗이 씻었습니다. 비록 서툰 모습이지만 어린 손자가 대견스러워 할아버지는 흐뭇하게 바라보았습니다.

"환아, 내일부터는 천자문을 익히고, 그 다음은 선조들의 지혜가 담긴 〈동몽선습〉을 익힐 것이야."

"예? 그럼 친구들이랑은 언제 놀아요?"

환은 울상을 지으며 할아버지께 물었습니다.

성격이 활발한 환은 우무실에서 소문난 골목대장입니다. 또래들에 비해 키가 크고, 몸도 날렵하여 이다음에 육군 대장이 되는 게 꿈이었습니다. 틈만 나면 친구들과 어울려 여기저기 다니며 골목대장 노릇을 하였습니다. 그런데 내일부터 공부를 해야 한다니 환은 벌써부터 걱정이 되었습니다.

"허허, 할아버지가 공부만 시킬까 봐 걱정인 모양이구나? 네 나이 때는 맘껏 뛰어놀아야 건강한 법이지. 친구들과 놀 시간도 충분히 줄 테니 걱정 놓아라."

할아버지가 허허허 웃으시며 말씀하셨습니다.

"정말요?"

환은 그제야 표정이 밝아졌습니다. 그래도 우무실 골목대장인데, 방 안에 갇혀 공부만 한다면 친구들이 샌님이라고 놀릴 것만 같았으니까요. 할아버지가 놀 시간도 충분히 준다니 얼마나 다행인지 모릅니다.

"대신 정신이 맑게 깨어 있는 오전에는 할아버지와 공부를 하고, 오후에

는 친구들이랑 뛰어놀도록 해라. 이 약속은 꼭 지키는 것이다?"

"예!"

환은 씩씩하게 대답했습니다.

"약속은 안 지키면 쓸모없는 것이 되고 만단다. 그러니 약속을 할 때는 내가 지킬 수 있는 것인지, 없는 것인지 잘 생각한 다음에 해야 해. 아직 네가 어려서 모르겠지만 이다음에 어른이 되면 약속이 얼마나 중요한 것인지 잘 알게 될 거다."

환이가 고개를 끄덕

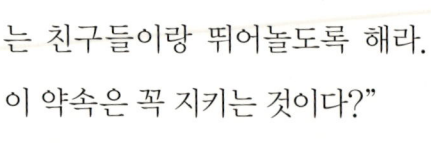

였습니다.

"이제부터 약속을 잘 지키는 사람이 되는 게다."

할아버지와 환은 새끼손가락을 꼭 걸었습니다. 이때부터 환이의 마음속에는 '약속'이라는 두 글자가 새겨졌습니다. 환이는 공부가 하기 싫다가도 할아버지와 한 약속을 떠올리면 금세 공부에 집중할 수 있었습니다.

할아버지는 어린 환이에게 선조들의 지혜로운 삶에 대해 자주 들려주었습니다. 아직은 환이가 어려 이해하지 못해도, 자꾸 반복해서 들려주면 마음에 저절로 새겨질 것이라 믿었습니다. 그래서 천천히 또박또박 선조들의 훌륭한 말씀을 익힐 수 있게 들려주고 또 들려주었습니다.

선조들의 지혜로운 말씀은 훗날 이종환이 사업을 하는 데 커다란 힘이 되었습니다.

쌀자루 사건

　　　　　　　　　　환이가 사는 우무실 마을
은 물이 아주 귀해서 마을 가운데에 있는 공동 우물을 함께 사용
해야 했습니다. 해질녘쯤이면 많은 사람들이 공동 우물가에 물을
길러 모였습니다. 그래서 공동 우물가는 그날그날 일어나는 마을
소식을 가장 빨리 아는 장소이기도 합니다. 누구네 집 제삿날인지,
누구네 집에 손님이 왔는지, 누가 아픈지……. 마을 사람들은 모두
남의 집 일도 내 집 일처럼 훤히 다 알고 있었지요.
　어머니는 공동 우물가에 물을 길러 갈 때면 빈 물동이에 곡식을
조금씩 담아서 갔습니다. 식구가 많은데 먹을 것이 부족하여 죽을

먹거나, 굶기 일쑤인 사람들에게 나눠 주기 위해서지요. 이러한 어머니의 인정은 알게 모르게 마을 사람들에게 널리 퍼져 갔습니다.

어느 날, 저녁을 짓기 위해 쌀독에서 쌀을 꺼내던 어머니는 깜짝 놀랐습니다. 누군가 쌀을 퍼간 흔적이 있었기 때문입니다.

'도대체 누가 쌀독에 손을 댄 거지?'

어머니가 머리를 갸웃거렸습니다. 순간 떠오르는 얼굴이 있었지만 짐작일 뿐 정확한 것이 아니어서 두고 보기로 했습니다.

며칠이 지났습니다.

"종환 어머니, 계세요?"

마당에서 화가 난 목소리가 들렸습니다.

어머니는 '환이가 친구랑 싸웠나 보다' 생각하고 부엌에서 하던 일을 멈추고 나왔습니다. 대문 앞에서 환이 친구 철희가 머뭇거리며 들어오지 못하고, 마당에는 철희 어머니가 잔뜩 화가 난 표정으로 서 있었습니다.

"빨리 들고 오지 못해!"

철희 어머니가 대문 앞에 있는 철희를 향해 큰소리로 말했습니다. 이 소리는 사랑방에 있던 환이에게도 들렸습니다. 환이는 가슴이 뜨끔했습니다. 분명 철희 어머니의 목소리였기 때문입니다.

'우리 둘만의 비밀이 들킨 걸까? 어쩌지?'

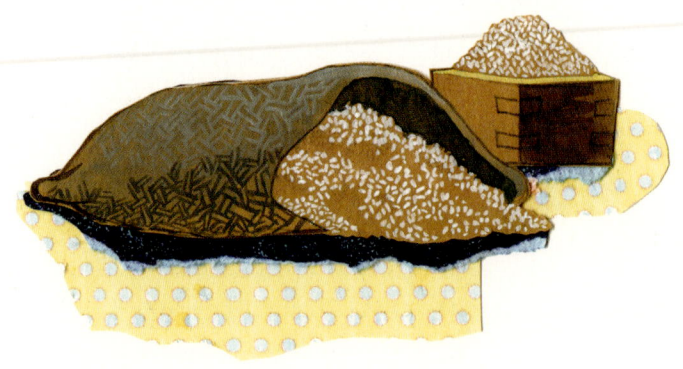

환이는 차마 밖으로 나가지도, 방 안에서 앉지도 서지도 못하고, 문 밖의 소리에만 귀를 기울이며 전전긍긍하였습니다.

잠시 머뭇거리던 철희는 고개를 푹 숙이고 쌀자루를 들고 들어왔습니다.

"철희 어머니, 일단 마루에 앉으세요."

어머니는 둘의 모습을 보고 상황을 대충 짐작했지만 아무것도 모르는 척 철희 어머니에게 물었습니다.

"무슨 일이신가요?"

"제가 아무리 어려워도 이건 받을 수가 없습니다. 모르고 조금 먹었으니 모자란 부분은 가을에 수확해서 채워 드릴게요."

철희 어머니가 흥분하여 벌게진 얼굴로 말했습니다. 철희는 그 옆에서 고개를 푹 숙인 채 눈물만 뚝뚝 흘렸습니다. 어머니는 짧은 순간, 이 일을 어찌해야 지혜롭게 해결할 수 있을까 생각했습니다.

"무슨 이야기인지 도통 모르겠네요. 먼저 무슨 일인지 차분히 말씀해 보세요."

"글쎄, 종환이가 식구들 몰래 쌀을 퍼서 우리 철희한테 주었대요. 제가 아무리 가난해도 그렇지, 어린 것이 훔친 것이나 다름없는 이 쌀을 어찌 먹겠어요? 그러니 돌려주러 왔어요."

철희 어머니는 아까보다 좀 가라앉은 목소리로 말했습니다.

"그랬군요. 우리 환이가 좋은 마음으로 친구에게 준 것 같은데 갖고 가셔요. 제가 이렇게 알았으니 괜찮습니다."

"아니요, 그럴 수는 없습니다."

"철희 아버지도 오랫동안 병환 중이시니 얼마나 힘드시겠어요? 환이 녀석이 나름대로 친구를 돕겠다고 마음을 쓴 것이니 받아 주세요. 어린 것이 아직 생각이 짧아서 몰래 갖다 줬나 봅니다. 잘못된 것은 제가 바로잡겠습니다. 그러니 갖고 가셔요."

어머니는 쌀자루를 철희 어머니 쪽으로 밀었습니다. 그러나 철희 어머니는 쌀자루를 다시 어머니 앞으로 밀어내며 한사코 손사래를 쳤습니다.

"죄송하구먼유."

철희와 철희 어머니는 꾸벅 인사를 하더니 결국 쌀자루를 마루에 놓고 갔습니다.

어머니는 쓸쓸히 걸어가는 두 사람의 뒷모습을 보니 마음이 복잡해졌습니다.
'어떻게 해야 아들 환이의 마음도, 철희와 철희 어머니의 마음도 상처받지 않고 잘 보듬을 수 있을까.'
한마을에 살면서 날마다 마주치는 사람이니 서로 불편하면 안 되기 때문에 더욱 고민이 커졌습니다.

"아니, 이건 뭐요?"

밖에서 들어오던 아버지가 두어 되나 들었을 쌀자루를 보고 물었습니다.

"치운다는 게 깜빡했네요. 그렇지 않아도 어찌해야 할까 걱정이었어요."

"걱정이라니?"

"실은 얼마 전부터 쌀독에 쌀이 조금씩 없어졌어요. 어설픈 게 꼭 환이 짓이다 싶더라고요. 도대체 이 녀석이 뭐하느라 쌀독에 손을 댔을까 지켜보았지요."

"우리 환이가 쌀독에 손을 댔다고요? 뭣 때문에?"

아버지는 깜짝 놀라 물었습니다.

"좀 전에 철희랑 철희 어머니가 다녀갔어요. 분명 철희네 집 쌀독에 쌀이 똑 떨어졌는데 쌀이 조금씩 생기더래요. 이상해서 철희한테 물었더니 모르는 일이라며 딱 잡아떼더랍니다. 그런데 다음 날도, 쌀이 생겨서 철희를 다그쳤더니 그제야 사실대로 이야기를 하더래요. 사실 환이가 부모님 몰래 쌀을 퍼 준 거라고. 그리고 둘만 아는 비밀이니 아무한테도 말하지 않기로 했대요."

어머니 말을 들은 아버지는 눈을 지그시 감았습니다. 아마 어머니와 똑같은 고민을 하는 것 같았습니다. 안방에 잠깐 침묵이 흘렀

습니다.

"이렇게 합시다. 철희 아버지가 벌써 몇 해째 병환 중이니 얼마나 사정이 어렵겠소. 우리 환이도 그걸 알고 이런 일을 벌인 것 같고, 친구라고 나름대로 마음을 쓴 모양인 것 같소. 자루에 쌀을 좀 더 담아서 철희네 갖다 주고, 환이한테는 우리가 잘 이야기합시다. 무엇이 옳고 그른 일인지는 어릴 때부터 가르쳐야 하지 않겠소?"

"그래요, 저녁 먹고 환이를 불러 알아듣게 말해야겠어요."

어머니와 아버지는 아들을 야단치기보다는 잘못한 것과 잘한 일을 정확히 가르쳐 줘야 한다는 데 뜻이 같았습니다. 저녁을 먹은 뒤 어머니는 환을 안방으로 불렀습니다.

"낮에 철희가 이걸 놓고 갔단다."

어머니가 쌀자루를 환 앞에 내어 보였습니다.

환은 모르는 척 시치미를 떼고 싶었습니다. 하지만 자신이 사랑방에 있을 때 철희와 철희 어머니가 다녀간 것을 이미 알아서 거짓말을 할 수도 없었습니다.

"아무 일이 아니라고 그냥 넘길 수도 있지만 부모님 몰래 이런 일을 하는 것은 잘못한 짓이야. 아무리 좋은 일을 하더라도, 바른 방법이 아니면 결코 옳은 일이 아니란다."

"어머니, 잘못했어요. 용서해 주세요."

환은 어머니 앞에서 무릎을 꿇었습니다.

"앞으로 절대 이런 일은 없도록 하여라. 그리고 이런 일이 있을 때는 꼭 부모님과 의논하도록 하고."

어머니는 엄하게 말씀하셨지만 진정으로 뉘우치는 환을 보고 곧 온화해졌습니다.

다음 날 환은 어머니와 함께 쌀자루를 들고 철희네 집으로 갔습니다. 부모님 몰래 쌀자루를 들고 갈 때는 심장이 두근거려 식은땀이 흘렀지만, 어머니와 함께 가는 지금은 즐겁기만 합니다.

"아주머니, 제가 잘못했어요. 이것은 부모님께 허락 받은 것이니 받으셔요."

환은 신이 나서 말하며 어머니를 바라보았습니다. 어머니도 빙그

레 웃으며 머리를 끄떡였습니다. 그러나 철희 어머니는 고개를 숙인 채 아무런 말이 없었습니다.

"철희 어머니, 받으세요. 받기 거북하시면 나중에 형편 풀릴 때 갚는다 생각하시면 되지 않겠어요? 어서요."

"정말 고맙습니다. 이 은혜를 어떻게 갚아야 할지……."

철희 어머니는 끝내 눈물을 흘리고 말았습니다.

쌀자루 사건은 지혜로운 어머니 덕분에 잘 마무리가 되었습니다. 그 뒤로 종환은 베풂도 바르게 할 때 진정한 가치가 있다는 사실을 알았습니다. 어머니가 보여 주신 정직과 올바른 베풂은 종환의 삶에 평생 좌우명이 되었습니다.

어린 시절의 방황

종환에게는 일곱 살 많은 형이 있었습니다. 우무실 골목대장이던 종환과 달리 형은 어릴 때부터 몸이 약해 잔병치레가 심했습니다. 결국 종환이 열한 살이 되던 해, 형은 폐병으로 갑작스레 세상을 떠나고 말았습니다. 어린 종환이 형의 죽음을 받아들이기에는 큰 충격이었습니다.

"할아버지, 형은 어디로 갔어요?"

"먼 하늘나라로 갔단다."

"사람이 죽으면 모두 하늘나라로 가는 거예요?"

"아무렴, 네 형은 착한 아이였으니까."

할아버지가 먼 산을 바라보며 손자 잃은 슬픔을 삭였습니다.

종환은 고개를 들어 높은 하늘을 쳐다보았습니다. 두둥실 흰 구름이 흘러가는 하늘 어딘가에 형이 있을 것만 같았습니다. 항상 방에 힘없이 누워만 있던 가냘프고 야윈 형이 떠올랐습니다.

"형……."

종환은 가만히 형을 불러 보았습니다.

그러나 아무런 대답이 없습니다. 종환은 고개가 아프도록 하늘을 쳐다보았지만, 하늘에는 흰 구름만 오갈 뿐 어디에도 형의 모습은 보이지 않았습니다.

형이 떠나고 한동안 집안은 고요했습니다. 할아버지도, 어머니도, 아버지도 말이 없었습니다. 종환 역시 밖에서 떠들다가도 집에 오면 다시 조용한 아이가 되었습니다.

그 무렵 종환은 의령 읍내에 있는 소학교로 전학을 갔습니다. 전에 다니던 소학교는 4학년까지밖에 없어서 어쩔 수 없이 학교를 옮겨야 했지요. 그런데 읍내는 집에서 너무 멀어 통학할 수가 없었습니다. 부모님은 학교 옆에 종환이 머물 하숙집을 구했습니다.

하숙집에서의 첫날 아버지는 종환에게 당부의 말을 잊지 않았습니다.

"이제 종환이 네가 우리 집안의 장남이란다. 네 미래와 우리 집안을 위해서 훌륭한 사람이 되어야 한단다. 전학 가서 처음부터 잘하기는 어려울 것이다. 네 공부를 도와줄 선생님을 붙여줄 테니 열심히 하도록 해라."

"예."

종환은 얼떨결에 대답은 했지만 마음이 무거웠습니다. 친구들도 없는 낯선 학교로 전학 온 것도, 집안의 장남이라는 것도 어린 종환이 받아들이기엔 너무 벅찬 일이었으니까요.

다음 날, 학교로 간 종환은 걱정과는 다르게 친구들도 사귀고 새로운 학교에 적응했습니다. 이제는 친구들과 놀다가 집에 늦게 들어가도 야단치는 사람이 없으니 자유롭고 좋았습니다. 집안의 장남이라는 무거운 짐도 잠시나마 벗었습니다.

하루는 같은 반 친구인 영민이네 집에 놀러 갔다가 늦게 돌아왔

습니다. 하숙집에서 종환이 오기만 기다리던 선생님은 머리끝까지 화가 나 있었습니다.

"이종환, 지금이 몇 신데 이제 들어와? 오늘 공부하는 날인 거 잊었어?"

"좀 늦으면 어때요? 공부 좀 안 하면 안 돼요?"

종환은 자신을 조금도 이해하지 못하는 선생님에게 말대답을 했습니다.

"네 아버지가 나한테 신신당부했다. 넌 집안의 장남이라 특별히 잘 가르쳐야 한다고."

"그래서요?"

"그러니까 내 말 잘 들어. 난 널 잘 가르칠 의무가 있고, 너는 내 말을 잘 들어야 하는 학생이다. 앞으로 또 이런 일이 생기면 용서 안 할 거야. 알았어?"

"선생님이 우리 아버지라도 되나요?"

"너 지금 나한테 반항하는 거니?"

선생님은 종환에게 버럭 소리를 질렀습니다. 공부하기로 한 약속도 어기고 죄송하다는 말 대신 당돌하게 대답하는 종환에게 화가 난 것입니다. 하지만 종환 역시 선생님한테 서운했습니다. 이제 막 새 학교에 적응하고 있고, 친구들도 사귀고 있는데, 공부 시간 좀 깜빡했다고 아버지보다 더 큰소리로 야단치는 선생님이 미웠습니다.

"오늘 못한 거 내일 할 테니 그리 알도록 해."

선생님이 문을 꽝 닫고 나갔습니다. 하숙집에 혼자 남은 종환은 갑자기 밀려오는 서러움에 왈칵 눈물이 났습니다. 집 생각도 나고, 어머니가 보고 싶었습니다. 사랑방에서 잠들 때까지 옛이야기를 조곤조곤 들려주던 할아버지 목소리도 그리웠습니다.

다음 날, 종환은 학교 수업이 끝나자마자 집으로 가는 버스를 탔습니다. 선생님과 공부하기로 한 약속은 까맣게 잊고, 오로지 그리운 어머니와 집이 있는 곳으로 빨리 가고 싶은 마음뿐이었습니다. 버스에서 내려 다시 십 리 길을 달려서 집으로 갔습니다.

"어머니!"

종환은 대문에 들어서자마자 어머니부터 불렀습니다.

"아이고, 우리 환이 왔구나. 학교는 다닐 만하냐? 친구들은 좋고? 선생님은?"

아들의 목소리를 들은 어머니는 한달음에 달려 나와 종환에게 이것저것 궁금한 것들을 물었습니다. 종환은 그때서야 선생님이 한 말이 퍼뜩 떠올랐습니다.

'오늘 못한 공부 내일 할 거니까 준비하고 있어!'

큰일입니다. 선생님은 더 화가 났을 텐데……. 하지만 이미 늦어 버린 것을 어찌할 수가 없었습니다.

집에서 식구들이 잘해 줘도, 어머니가 맛있는 음식을 해 줘도 종환의 마음은 불편하기만 했습니다. 할 수 없이 하룻밤을 자고 다음 날 일찍 하숙집으로 향했습니다.

"환아, 점심은 먹고 가지 그러냐?"

어머니는 집 떠나 있는 아들이 안쓰러워 조금이라도 더 머물기를 바랐습니다.

"다음에요."

"그려, 그럼 어서 가거라. 선생님 말씀 잘 듣고 있지? 선생님께는 '공부를 봐주는 것뿐만 아니라 부모를 대신해서 야단칠 것은 야단치라고' 내가 당부했다. 그러니 말썽 피우지 말고 잘 따르도록 해라. 열심히 공부해서 훌륭한 사람이 되어야지. 그래야 이다음에 좋은 일도 할 수 있단다."

아버지가 아들에게 한 번 더 당부하였습니다.

종환은 아버지 말씀을 들으니 몸에서 힘이 쭉 빠졌습니다. 며칠 전 선생님한테 화냈던 일을 떠올리니 머리가 아팠습니다.

'선생님이 분명 또 뭐라고 하실 텐데…….'

종환이 하숙집에 도착하자 하숙집 아주머니가 깜짝 놀라 물었습니다.

"어제 선생님 오셔서 너 찾던데 어디 갔었니?"

"집에 갔다 오는 길이에요."

"말하고 가지 그랬어? 선생님이 너 어디 갔냐고 묻는데, 내가 대답할 수가 있어야지. 앞으로는 어디 가면 간다고 말하고 가. 참, 선생님이 저녁에 오신다고 꼼짝 말고 기다리라고 하더라."

"예, 알았습니다."

종환이 얼른 대답했습니다. 대답하지 않으면 하숙집 아주머니의 잔소리가 끝없이 이어질 것 같았습니다. 종환은 아직 시간이 좀 남아 바람을 쐬려고 나왔습니다. 갑갑한 마음에 걷다 보니 어느새 너무 멀리 왔습니다.

'저녁에 오신다고 꼼짝 말고 기다리라고 하더라.'

순간, 하숙집 아주머니 말이 떠올랐습니다. 종환은 서둘러 하숙집으로 돌아왔습니다. 그러나 선생님은 벌써 다녀간 뒤였습니다. 책상 위에 쪽지가 놓였습니다. 제발 공부 시간 좀 맞추라는 잔소리

였습니다.

 그 뒤로 선생님은 하숙집에 오지 않았습니다. 종환은 이유를 몰랐지만 알고 싶지도 않았습니다. 야단만 치는 선생님한테 배우기보다는 혼자 공부하는 게 나을 것 같았습니다. 종환은 이불을 펴고 누웠습니다. 방안은 칠흑같이 어두웠지만 잠이 오지 않았습니다.

 "지혜로운 사람이 되거라."

 훌륭한 사람이 되라고 성현의 말씀을 전해 주시던 할아버지가 떠올랐습니다.

 "넌 이제 우리 집 장남이다. 뭐든 남의 모범이 되어라."

 장남임을 강조하시던 아버지도 떠올랐습니다.

 "정직하게 살고, 나눌 줄 아는 사람이 되어야 해. 난 네가 잘하리

라 믿는다."

　언제나 종환을 믿고 용기를 주는 어머니도 떠올랐습니다.

　할아버지, 아버지, 어머니의 모습들을 차례대로 떠올리니 종환의 볼에 눈물이 흘렀습니다. 그러나 아직 뭘 어떻게 해야 할지 마음이 무겁기만 합니다.

왜 공부를 해야 하나요?

 선생님은 쪽지를 남기고 간 뒤로 며칠째 하숙집에 오지 않았습니다. 그러던 어느 날, 아버지가 하숙집에 찾아 오셨습니다.
 "환아, 지금은 네가 공부해야 할 중요한 시기란다. 곧 중학교에 가야 할 텐데, 이렇게 해 가지고 학교 문턱이나 가겠냐? 선생님 말씀은 왜 안 듣고? 네가 아직도 정신을 못 차려서 큰일이다. 도대체 뭐 때문에 이러냐? 참말로 공부에 흥미가 없는 것이냐?"
 아버지가 걱정하며 꾸짖었습니다.
 "아버지, 걱정 마세요. 지금까지 힘들었지만 이젠 적응했으니 열

심히 공부하겠습니다."

종환은 걱정하는 아버지를 안심시켰습니다.

"그럼, 너 믿고 아버지 간다. 실망시키지 마라."

아버지가 종환에게 믿는다는 말을 남기고 집으로 가셨습니다.

종환은 선생님이 야속했습니다. 처음으로 집을 떠나 하숙집에서 사는 게 얼마나 힘든데, 무조건 공부만 시키려 하고, 더구나 아버지한테 가서 아들이 공부에 흥미가 없다는 말까지 하다니…….

아버지가 하숙집에 다녀가신 뒤로 공부를 봐주는 선생님이 바뀌었습니다.

"아버지한테 네 이야기 들었어. 공부를 못하는 아들이 아닌데 뭐가 문제인지 공부는 안 하고 자꾸 방황만 한다고. 사람이 살면서 방황도 하고, 고민도 하는 건 당연한 거야. 하지만 방황도, 고민도 타당한 이유가 있지 않겠니? 난 그리 생각하는데 네 생각은 어떠니?"

새로운 선생님이 종환의 생각을 물어보았습니다.

종환은 깜짝 놀랐습니다. 그동안 공부를 봐주던 선생님은 한 번도 종환의 생각을 물어본 적이 없었기 때문입니다.

"선생님, 공부는 왜 해야 하나요?"

"우리가 공부를 하는 것은 지혜로운 사람이 되기 위해서란다. 지

혜로운 사람은 자신뿐만 아니라 다른 사람에게도 밝은 희망을 주지. 마치 어둠 속에서 빛나는 등불처럼 말이야."

선생님은 꼭 종환의 할아버지처럼 조곤조곤 말씀하셨습니다.

닫혔던 종환의 마음이 스르륵 열렸습니다. 선생님 말씀처럼 지혜로운 사람이 되고 싶었습니다. 어둠 속에서 빛나는 밝은 등불이 되려면 더욱더 열심히 공부해야겠다고 다짐했습니다.

새로운 선생님은 공부뿐만 아니라 재미있는 이야기도 들려주었습니다. 종환은 선생님의 이야기를 들으며 공부하는 즐거움을 알아 갔습니다.

유도로 나라 잃은 설움을 달래다

소학교를 졸업한 종환은 치열한 경쟁을 뚫고 1938년 마산공립 중학교(현 마산 고등학교)에 입학했습니다. 마산공립 중학교는 일제 강점기인 1936년에 문을 열었습니다. 5년제로 지금의 중학교와 고등학교 과정이지요. 마산공립 중학교는 학생 40퍼센트는 한국인, 60퍼센트는 일본인을 뽑는 불평등한 제도가 있어 더욱 입학 경쟁이 치열했습니다. 그럼에도 종환은 열심히 공부해서 마산공립 중학교에 당당히 합격했습니다.

중학교에 입학한 종환은 정신이 번쩍 들었습니다. 한국 학교인데도 불구하고 선생님은 모두 일본 사람이었고, 입학 조건도 일본인

들과 차등을 두고 있는 것을 알게 되었습니다. 그제야 종환은 나라 잃은 서러움을 몸소 느끼기 시작했습니다.

입학식이 끝난 며칠 뒤 한 선배가 신입생 후배들을 모아 놓고 이야기했습니다.

"우린 공부든, 운동이든 일본 애들보다 잘해서 힘을 키워야 해. 그래야 지금의 이 굴욕적인 지배를 벗어날 수 있으니까. 우리끼리 뭉쳐서 힘을 기르자!"

선배는 주먹을 불끈 쥐었습니다. 그 자리에 있던 종환을 비롯해 친구들은 모두 선배의 말을 새겨들었습니다. 종환의 가슴속에도 뜨거운 불꽃이 일었습니다.

'그래, 힘을 기르자!'

몇 달 전만 해도 읍내에서 소학교를 다니며 수줍음 많던 소년 종환은 이제 나라를 걱정하고, 미래를 고민하는 의젓한 청년의 모습에 한 걸음 더 다가섰습니다.

하루는 수업을 마치고 집에 가는 길에 유도 선수들이 연습하는 것을

보게 되었습니다. 유도복을 입은 학생들이 매트 위에서 옷을 잡아당겨 상대를 넘어뜨리고, 매트 위에 메치는 모습이 재밌어 보였습니다.

"야, 너 유도에 관심 있냐?"

일본 학생이 구경하던 종환의 어깨를 툭 치며 말을 걸었습니다.

"응, 재밌어 보이네."

"나랑 같이 유도 배울래? 내 이름은 겐타야."

"겐타? 난 이종환이야."

종환은 기세에 눌리지 않기 위해 일부러 자신의 이름을 큰소리로 말했습니다.

삼촌이 유도 선수인 겐타는 어릴 때부터 유도를 익혀 왔다고 했습니다. 그래서인지 겐타는 1학년에서 가장 유도를 잘하는 선수입니다. 가끔은 2학년이나 3학년 형들과 대등한 경기를 펼쳐 선생님들을 깜짝 놀라게도 했습니다.

유도 선수는 대부분이 일본 학생들이었습니다. 유도를 처음 시작한 종환은 자신보다 키와 골격이 작은 일본 학생들을 보면서 자신감을 얻었습니다. 비록 다른 아이들보다 유도를 늦게 시작했지만 배우면 배울수록 유도가 재밌었습니다.

기말고사를 마친 어느 날, 겐타가 일본인 친구들과 함께 종환을

찾아왔습니다.

"종환, 너도 유도 대회에 참가할래?"

"좋아!"

종환은 한 치의 망설임도 없이 자신 있게 승낙했습니다.

종환이 유도 대회에 나간다는 소문이 학교 내에 빠르게 퍼져 나가자, 선배들과 친구들이 응원하겠다며 몰려들었습니다. 결국 학교에서 하는 유도 대회가 조선 대 일본의 국가 대항전이 되고 말았습니다.

유도 대회는 1학년 학생 12명이 토너먼트로 최종 승자를 가리는 방식이었습니다.

유도를 배우기 시작한 지 얼마 되지 않은 종환이 최종 결승까지 올라갈 거라고 생각한 사람은 아무도 없었습니다. 하지만 종환은 붙는 상대마다 용감하게 쓰러뜨리고 결승까지 올라갔습니다. 종환은 타고난 운동 신경과 한 순간도 놓치지 않는 순발력을 지녔기 때문입니다.

드디어 결승에서 종환과 겐타가 만났습니다. 종환의 눈이 빛났습니다.

"우리가 결승에서 붙다니 놀라운 일이야."

겐타가 비죽이 웃었습니다.

'흥, 비웃는다 이거지? 널 반드시 이기고 말겠어.'

종환은 비웃음 짓는 겐타에게 반드시 승리하리라 다짐했습니다. 개인적인 승부도 승부지만 일본 대 조선의 승부라고 생각하니 종환은 조선의 대표가 된 것 같아 어깨가 무거웠습니다. 선배들과 친구들이 응원하는 모습을 보니 힘이 났습니다. 경기장의 분위기는 한껏 뜨겁게 달아오르고 종환과 겐타의 긴장감도 팽팽했습니다. 종환은 심호흡을 하며 마음을 차분히 가라앉혔습니다.

그리고 시합이 시작되자마자 종환은 겐타의 유도복을 잡아채어 어깨 메치기로 넘겨 버린 뒤 굳히기를 하였습니다.

"한판!"

종환의 시원한 한판승이었습니다. 순식간에 벌어진 일이었지요.

잠시 어안이 벙벙했던 조선 학생들은 나라를 되찾기라도 한 듯 서로 얼싸안고 풀쩍풀쩍 뛰며 좋아했습니다. 조국을 빼앗긴 서러움을 조금이나마 위로받는 느낌이었습니다. 조선 학생들이 모두 한마음이 되는 순간이었지요.

그 뒤로 종환은 일본 학생들보다 훨씬 더 유도를 잘하는 학생으로 소문이 났습니다. 이 소문은 부모님이 사는 우무실까지 들렸습니다.

"환아, 하라는 공부는 안 하고 운동은 왜 하냐?"

"걱정 마세요, 공부도 열심히 하고 있어요."

"넌 장남인데, 유도하다 몸이라도 다치면 큰일 아니냐. 당장 그만두어라."

할아버지와 아버지는 종환이 운동하다가 몸이라도 상할까 봐 걱정이 되었습니다. 종환은 건강을 위해서도 좋다고 설득했지만 집안 어른들은 허락하지 않았습니다.

"알겠습니다. 유도는 그만둘 테니 걱정 놓으셔요."

종환은 부모님과 할아버지를 안심시켜 드리기 위해 유도를 그만두겠다고 말했습니다. 종환은 부모님과 할아버지께 걱정을 끼치는 일이 싫었습니다. 먼저 떠나보낸 형 때문에 늘 아들의 건강을 걱정하는 부모님의 마음을 잘 알고 있었으니까요. 하지만 종환은 유도를 그만둘 수 없었습니다. 학교에서 유도는 조선 학생들에게 유일한 자존심이자 힘이었습니다.

종환에게 유도는 조국을 사랑하는 마음이었고, 친구들에게는 겨레를 빛내는 희망이었습니다.

호랑이를 잡으려면 호랑이 굴로

"그래, 환아 요즘 학교 생활은 어떠냐?"

아버지가 휴일을 맞아 집에 온 종환에게 물었습니다.

"공부하면서 알게 됐어요. 우리가 얼마나 불평등하게 살고 있는지요. 나라가 힘이 없으니 일본에게 주권도 뺏기고, 죽도록 고생해서 농사지은 식량도 다 잃고 있어요. 우리가 우리 땅에서 일본인들한테 이런 설움을 받는 것은 결국 힘이 없고 가난하니까 생기는 일이잖아요."

종환이 자신도 모르게 흥분하며 말했습니다.

"아버지, 전 학교를 마치고 일본에 가서 공부하고 싶어요. 그래서 힘없고 가난한 우리나라가 더는 이런 고통을 겪지 않도록 보탬이 되려고요. 우리나라가 힘 있고, 부자가 되는 길도 찾을 거예요. 이다음에 제가 부자가 되면 어려운 사람들도 도울 거예요."

종환은 처음으로 아버지께 자신의 계획을 말했습니다.

아버지가 물끄러미 종환을 바라보았습니다. 사랑방에서 할아버지 심부름을 하던 때가 엊그제 같은데 어느덧 훌쩍 커 버린 아들이 대견스러웠습니다. 공부는 안 하고 친구들과 놀기에 바빴던 개구쟁이가 의젓하게 나라와 자신의 미래를 위해 일본에 공부하러 가겠다니 듬직했습니다. 하지만 한편으로는 젊은 혈기에 무슨 일이라도 벌일까 봐 걱정스러웠습니다.

"그래, 그건 좀 더 고민해 보자."

아버지는 종환의 계획을 반겼습니다. 더 넓은 세상에 가서 공부하고 돌아온다면 분명 새로운 모습으로 돌아오지 않을까 그리 생각했습니다. 그러나 바로 허락하지 않았습니다. 아들이 더 깊은 고민을 하면서 구체적인 계획을 세울 때까지 기다리기로 했습니다. 그래야 남은 시간 공부를 하면서 충분한 다짐을 할 거라 생각했으니까요.

종환은 기숙사에 오자마자 노트를 펼쳤습니다. 앞으로 무엇을 먼

저 할 것인지, 순서를 정하며 또박또박 적어 나갔습니다.

> 하나, 일본에 유학 가서 경상학과에 입학한다. 경상학과에 들어가는 것은 일본에 대해 배우기 위함이다.
> 둘, 일본에서 배우고 익힌 것들을 한국에 와서 실행한다.
> 셋, 일해서 번 돈은 반드시 우리나라의 가난을 벗어나는 데 힘쓴다.
> 넷, 어려운 사람들을 위하여 베풂에 인색하지 않는다.
> 다섯, …
> 여섯, …

종환은 앞으로 하고 싶은 일을 하나하나 적어 나가다 멈췄습니다. 왜냐하면 아무리 열심히 노력해서 하고 싶은 일을 이룬다 해도 우리나라가 일본의 지배에서 벗어나지 못한다면 소용이 없을 거라는 생각이 들었기 때문이지요.

그래서 가장 먼저 이루어야 할 일은 우리나라가 일본의 지배를 벗어나 독립하는 일이라 생각했습니다. 그렇게 하기 위해선 호랑이

를 잡으려면 호랑이 굴에 들어가야 하듯이 일본을 알아야겠다고 다짐했습니다. 종환은 일본으로 유학 가겠다는 결심을 더욱 확고히 굳혔습니다.

그리곤 가장 맨 위에 큰 글씨로 "호랑이를 잡기 위해 호랑이 굴로 들어간다!"라고 적었습니다.

"아버지, 이거 좀 읽어 보셔요."

종환은 자신의 계획을 쓴 노트를 아버지께 드렸습니다.

아버지는 아들이 건넨 노트를 말없이 읽더니 엷은 미소를 지었습니다.

"네 계획이 이렇다면 한번 도전해 봐라."

아버지는 아들을 흐뭇하게 바라보았습니다.

종환은 아버지의 '도전해 봐라'라는 말씀을 마음속 깊이 새겼습니다. 종환이 의령으로 전학하고 적응하기 힘들어 방황할 때도 아버지는 '너 믿고 간다'라는 말씀을 남겼습니다. 그때나 지금이나 아버지가 말없이 자신을 믿어 주고, 도전해 보라는 용기를 주었습니다.

종환은 아버지의 믿음에 보답하기 위해서라도 일본에서 열심히 공부하겠다고 자신과 약속을 하였습니다.

일본 유학길에 오르다

아버지가 일본 유학을 허락한 뒤로 종환은 공부하는 재미에 푹 빠졌습니다. 열심히 공부해서 경제력을 키운다면 일제 강점기에서 벗어날 수 있을 것이라고 생각했기 때문입니다.

그러나 다른 가족은 장남을 일본에 보내려니 걱정이 되었습니다.

"공부하러 간다니 허락은 했지만, 일본은 지금 전쟁 중인데 괜찮겠냐?"

당시 일본은 우리나라 침략뿐만 아니라 중국과도 전쟁 중이었기 때문에 할아버지가 걱정스럽게 물었습니다.

"할아버지, 할아버지께서 뭘 걱정하시는지 알아요. 하지만 일본에 가서 꼭 많이 배워 우리나라와, 우리 집안이 부자가 되는 일을 하고 싶어요."

종환은 걱정하는 할아버지를 위해 일부러 더 씩씩하게 말했습니다. 할아버지는 한창 전쟁 중인 나라에 손자를 보내려니 마음이 무거웠지만, 그렇다고 가지 말라고 말릴 수도 없었습니다.

"어린 너를 의령 읍내로 보낼 때도, 마산으로 보낼 때도 이 어미가 얼마나 힘들었는지 모른다. 그래도 방학이나 휴일에는 집에 오니까 괜찮았는데……."

어머니의 눈시울이 붉어졌습니다.

"이젠 더 먼 일본으로 보내려니 그때와는 또 다르구나. 네가 이만큼 컸는데도 말이다. 가면 금방 올 수도 없고, 낯선 땅에서 낯선 사

일본 유학길에 오르다 65

람들과 생활해야 하니 얼마나 힘들겠냐? 무엇이든 조심하고 몸을 잘 살펴야 한다. 네가 가서 잘하리라 믿는다만, 급한 성미는 한 박자만 늦춰라."

"네. 어머니, 걱정하지 마세요."

어머니는 멀리 떠나는 아들의 뒷모습을 보고 또 보았습니다. 낯선 나라에 아들을 보내는 마음은 무겁지만 한 편으로는 두려움 없이 공부하러 가는 아들이 자랑스러웠습니다.

종환은 할아버지와 부모님이 자신을 얼마나 아끼고 사랑하는지 잘 알고 있습니다. 그래서 가족의 기대에 어긋나지 않게 공부에 전념할 것이라 다짐하며 일본 유학길에 올랐습니다.

종환의 대학 생활은 도쿄에 있는 메이지 대학 경상학과에서 시작되었습니다. 그러나 꿈과 희망을 안고 설레는 마음으로 시작했던 대학 생활은 쉽지 않았습니다. 1941년 12월 7일 일본이 미국의 진주만을 공격한 것을 시작으로

태평양 전쟁이 일어났기 때문입니다.

'이 전쟁이 우리나라에 어떤 영향을 끼칠까? 그리고 내게는?'

종환의 머릿속에는 나라와 자신의 미래에 대한 걱정들로 가득 찼습니다.

일본은 전쟁에서 연합군에게 자신들이 밀리자 모든 힘을 다 동원했습니다. 1942년 유학생이었던 종환도 2학년을 마치자마자 학병으로 전쟁터에 끌려가게 되었습니다. 그리고 소만 국경 지역인 관동군에서 군 생활을 시작하였습니다.

일본으로부터 식민지에서 벗어나기 위해 공부하러 온 자신이 일본의 승리를 위해 전쟁에 끌려오다니 종환은 생각할수록 억울했습니다.

영하 46도의 지독한 추위 속에서 야간 근무를 설 때면 온몸이 꽁꽁 얼었습니다. 낮에도 맹추위는 지속되었습니다. 군용 밥통에 점심으로 싸온 밥은 밥이 아니라 얼음 덩어리이였습니다. 그마저도 먹기 위해 포크로 콕콕 찍으면 포크마저 부러지고 마는 일이 하루 이틀이 아니었습니다. 잘못하면 추위에 얼어 죽을 것만 같았습니다. 그때마다 종환은 의령에 있는 가족을 떠올리며 견뎠습니다.

어느 날, 일본 군은 연합군에 오키나와를 빼앗겼으니 찾아야 한다며 급히 오키나와로 이동하라는 명령을 내렸습니다. 오키나와로

가는 배를 기다리고 있는데 다시 소만 국경이 터졌으니 부대원 모두 북으로 올라가는 기차를 타라고 하였습니다. 이 기차가 용산역에 도착하여 잠시 쉬고 있을 때였습니다.

 1945년 8월 15일, 일본이 연합군에 무조건 항복한다는 정오 뉴스가 나왔습니다. 마침내 우리나라가 일본으로부터 독립을 한 것입니다. 종환은 용산역에서 해방을 맞아 지옥 같은 학병 생활을 마치고 고향 의령으로 돌아갈 수 있었습니다.

 "환이 왔냐?"

 할아버지는 기침을 쿨럭쿨럭 하시면서 야윈 손으로 종환의 손을 잡았습니다. 종환이 어릴 때 보았던 위엄 있는 할아버지의 모습은 없었습니다.

 "할아버지······."

 종환이 할아버지의 손을 마주 잡자 할아버지의 눈에 눈물이 고였습니다.

 "엄마가 오빠를 얼마나

걱정했는지 알아? 날마다 물 떠 놓고 오빠가 무사하기만 빌었어."

이제 제법 많이 자란 여동생 정희가 눈물이 그렁그렁한 눈으로 흘기며 말했습니다.

종환은 문득 추운 만주 지역에서 무사히 군 생활을 할 수 있었던 것도, 해방을 맞아 안전하게 집으로 돌아올 수 있었던 것도 모두 가족 덕분이라는 생각이 들었습니다. 새삼 가족에 대한 고마움이 밀려왔습니다. 종환은 가족에게 힘이 되는 장남이 되어야겠다고 다짐하였습니다.

'지금 이 상황에서 나는 어떤 길을 가야 할까? 연로하신 부모님, 편찮으신 할아버지, 가족을 위해서도, 나 자신을 위해서도 어떤 길을 가야 가장 올바른 선택일까?'

학도병에서 돌아온 종환은 다시 일본으로 돌아가 남은 학기를 마칠 것인지, 가족들이 있는 집에서 가장으로 남을 것인지, 두 가지 길 사이에서 고민하였습니다.

종환은 결국 학교를 중단하고 집에 남아 새로운 일을 하기로 결심하였습니다. 하지만 유학 가기 전, 노트에 적었던 꿈들을 포기한 것은 아닙니다. 앞으로 언제든 기회가 되면 다시 이룰 수 있도록 마음속에 고이 품어 뒀습니다.

'비록 내가 공부를 마치지 못하고 한국으로 돌아오지만 더욱 열

심히 살아서 나라에 보탬이 되는 사람이 될 것이야.'
종환의 결심은 보이지 않기 때문에 더 강한 것이었습니다.

죽을 고비를 넘기고

　　　　　　　　　해방된 조국은 전국이 어수선한 분위기였습니다. 종환은 어디를 가서 무슨 일을 해야 할지 깊은 고민에 빠졌습니다.

　그러던 어느 날 우연히 정암평야를 지나다가 멈춰 섰습니다. 경상남도에 위치한 정암평야는 보리 생산지로 유명한 곳입니다.

　'이 들판이 이렇게 넓고, 광활한들 무슨 소용이 있겠는가? 장차, 난 어떤 일을 해야 할 것인가?'

　그 순간 종환의 머리에 번뜩이는 생각이 떠올랐습니다. 이 넓은 들판이 종환과 상관없다 할지라도 이 들판에서 수확하는 보리는

종환이 찧을 수 있을 것입니다. 발상의 전환은 곧바로 사업적 실행으로 옮겨졌습니다. 종환은 정암평야에서 생산되는 보리를 찧어 주는 일을 하고 보리의 일부를 삯으로 받는 정미소를 계획했습니다.

 한번 마음먹으면 바로 시작해야 하는 성격 때문에 종환은 그 길로 산에서 소나무를 베어다가 정미소를 짓기 시작했습니다. 생각보다 어려움이 많았지만 그동안 할아버지와 부모님이 이웃들에게 많이 베풀었던 덕분에 이웃들의 도움으로 정미소를 지을 수 있었습니다.

 정미소 기계는 종환의 계획대로 쉴 새 없이 돌아갔습니다.

 일 년 반 동안 정미소 일에만 매달리니 제법 큰돈을 모았습니다.

무려 논 200마지기를 살 수 있는 큰돈이었습니다. 종환은 생각보다 많은 돈을 벌자 기쁨에 가득 찼습니다.

그러나 기쁨도 잠시, 갑자기 몸에 이상을 느낀 종환은 병원에 갔습니다.

"간디스토마입니다."

"네? 간디스토마요?"

종환은 눈앞이 깜깜했습니다. 간디스토마는 민물고기를 날로 먹었을 경우 감염되는 병입니다. 오늘날에는 쉽게 치료할 수 있는 병이지만 당시에는 간디스토마에 걸리면 꼼짝없이 죽을 수밖에 없었습니다.

절망에 빠진 종환은 대구에 있는 더 큰 병원으로 갔으나, 그곳에서도 나을 가능성이 없다며 의사는 고개를 저었습니다. 결국 종환은 정미소 문을 닫고 서울에 올라와 대학병원에서 6개월 동안이나 치료를 받았습니다. 하지만 아픈 몸은 나을 기미가 보이지 않았습니다.

'그래, 어차피 죽을 병이라면 차라리 집에 가서 죽자.'

종환은 모든 것을 포기하고 집으로 가는 도중 문득 마산에서 유명한 의사 김천수 박사가 떠올랐습니다. 마지막 지푸라기라도 붙잡는 심정으로 김천수 박사의 병원을 찾아갔습니다. 그리고 입원한

뒤 열흘이 지나자 거짓말처럼 몸이 회복되기 시작했습니다.

죽을 고비를 넘긴 종환에게 김천수 박사는 생명의 은인이었습니다.

종환은 병치레를 하는 동안 애써 모은 돈을 병원비로 다 쓰고 나니 너무 허무했지만, 몸이 회복되었다는 사실 하나만으로도 감사하게 생각했습니다.

'정미소에서 열심히 보리방아 찧어 번 돈을 병치레 하느라 다 까먹다니……. 세상일이란 게 만만치가 않구나.'

종환은 실망하지 않고 다시 힘을 내기로 했습니다. 정미소에서 승승장구하던 종환은 이제 두려울 게 없었습니다. 첫 사업인 정미소가 계획했던 것보다 훨씬 더 많은 이익을 냈으니 다음 사업도 잘할 자신감이 생겼습니다.

시련은 인생 공부가 되고

종환은 몸이 회복되자 일자리를 찾으러 곧장 서울로 올라왔습니다. 하지만 특별한 연고도 없는 서울에서 일자리를 찾는 건 쉬운 일이 아니었습니다. 이리저리 하루 종일 일자리를 찾으러 다녔지만 마땅한 일이 없었습니다. 그러다 보니 몸과 마음이 지쳤습니다.

달력을 보던 종환은 며칠 뒤면 자신의 생일이란 걸 알았습니다. 의령에 있는 어머니를 떠올리자 가족이 그리웠습니다.

'어머니가 끓여 주는 미역국이라도 먹고 다시 오자.'

종환은 단숨에 고향으로 내려갔습니다.

"어머니!"

"어서 오너라. 에고, 우리 아들 얼굴이 이게 뭐냐?"

피골이 상접한 아들을 보자, 어머니는 눈물을 글썽였습니다. 아들이 타지에서 일자리를 찾느라 얼마나 고생이 많은지 말하지 않아도 알 것 같았습니다.

"일단 내려왔으니 푹 쉬었다 가거라."

"그래야겠어요."

종환은 지친 몸과 마음을 추스르며 쉬기로 하였습니다.

그렇게 집에서 한 달 남짓 쉬었을까, 남한과 북한이 서로 총대를 겨누는 6·25 전쟁이 일어났습니다.

"환아, 얼마나 다행이냐. 네가 서울에 남아 있었으면 우리가 이산

가족이 될 뻔했구나. 생각만 해도 아찔하구나. 이것도 다 네 운이여."

어머니는 종환의 손을 붙잡고 안도의 한숨을 쉬었습니다. 종환은 가족과 함께 짐을 꾸려 마산으로 피난을 갔습니다.

전쟁이 끝나갈 무렵 종환은 고향으로 돌아와 다시 정미소 사업을 시작했습니다. 이미 첫 정미소 사업 때 큰돈을 벌어들였던 경험이 있으니 이번에도 당연히 성공하리라는 확신이 있었습니다.

그러나 정미소는 마음먹은 대로 잘 되지 않았습니다. 기계가 잦은 고장을 일으켜 도저히 더는 정미소를 운영할 수 없었습니다. 처음에는 몸이 아파 정미소 사업을 그만두고, 두 번째는 기계가 말썽을 부려 문을 닫고 보니 종환의 상심은 말할 수 없이 컸습니다.

'뜻대로 되는 일이 하나도 없구나.'

종환은 새로 시작한 정미소 사업을 접으면서 세상일이 뜻대로만 되는 것이 아니라는 사실을 깨달았습니다. 일본 유학을 통해 이루고자 했던 종환의 꿈은 태평양 전쟁으로 산산조각이 나 버렸고, 승승장구하던 정미소 사업도 몸이 아파 문을 닫아야 했습니다. 생각할수록 종환의 상심은 커졌지만, 그렇다고 마냥 주저앉아 절망하기는 싫었습니다.

젊은 시절 몸과 마음이 겪는 시련은 삶을 더욱더 단단하게 가꾸

어 주는 것이라 여겼습니다. 종환은 '이게 바로 인생 공부구나!'라고 생각하고 다시 일어설 준비를 했습니다.

장사는 어려워

1953년 남한과 북한이 전쟁을 잠시 멈추기로 하고 휴전 협정을 맺자 종환은 다시 서울로 올라왔습니다. 서울은 6·25 전쟁의 상흔이 곳곳에 남아 난리가 아니었습니다. 대부분의 건물이 폭격으로 무너져 물건을 제대로 생산할 시설이 없었습니다. 그래서 생활에 필요한 물건들은 수입에 의존해야만 했습니다.

종환은 동대문 시장으로 갔습니다. 동대문 시장에는 각 지역에서 몰려든 사람들로 붐볐습니다. 모두들 무엇을 하면 돈을 벌 수 있을까 궁리하는 사람들이었습니다.

며칠 동안 종환이 동대문 시장을 돌아다니며 살펴보니 광목을 사들여 값이 올랐을 때 팔면 이익이 생길 것 같았습니다. 광목이란 무명실로 짠 무명천을 말합니다. 하지만 장사라는 게 보는 것과 직접 물건을 사들여 파는 것은 달랐습니다.

"손님, 이거 원가도 안 되는 값이에요. 지금 사지 않으면 값이 금방 또 올라요. 저도 손해 보며 파는 거라니까요."

상인 박 씨는 광목을 원가보다 훨씬 비싼 값에 팔면서도 천연덕스럽게 거짓말을 했습니다. 더구나 금방 값이 오른다는 박 씨의 말에 사람들이 모여들었습니다. 그렇게 해서 박 씨는 동대문에서 가장 장사를 잘하는 사람으로 소문이 났습니다. 물론 돈도 많이 벌었습니다.

"왜 이렇게 비싸요?"

"물건이 좋으니 당연히 비싸지요."

"그래도 좀 깎아 줘요."

"그럼 제가 손해봅니다."

종환은 애초에 박 씨처럼 원가보다 많이 비싸지 않게 파니 값을 깎아 주면 당연히 이익을 남길 수 없었습니다.

박 씨처럼 능청스럽게 거짓말을 할 줄도 모르고, 능수능란한 솜씨로 값을 흥정하는 데도 서툴렀습니다. 정직한 종환에게는 능청

스럽게 거짓말을 해야 하는 장사가 잘 맞지 않았던 것이지요. 게다가 종환은 장사 밑천도 적었습니다.

"이 선생, 지금 팔면 손해니 좀 기다렸다 파시오."

종환이 광목을 팔려고 하자 박 씨는 값이 오를 때까지 기다리라고 했습니다. 그러나 장사 밑천이 적은 종환은 기다릴 수

없었습니다. 어서 빨리 물건을 팔아야 거기서 생긴 이익금으로 물건을 구입할 수 있으니까요. 그래서 종환은 이익을 남겨야 할 물건을 밑지고 팔 수밖에 없었습니다. 이런 일이 여러 번 반복되자 종환은 고민했습니다.

'나한테는 장사보다 제조업이 더 맞지 않을까? 제조업은 성실함이 우선시되는 일이야.'

종환은 박 씨를 보면서 자신은 장사 수완이 부족하다는 걸 알았습니다. '몸이 좀 힘들더라도 정직하게 기계와 씨름하는 제조업이 낫지 않을까'라는 생각이 들었습니다.

그러나 제조업을 시작하려 해도 창업에 필요한 목돈이 있어야 했습니다.

이때부터 종환은 제조업을 창업할 목돈이 마련되면 장사를 그만두기로 마음먹었습니다. 제조업을 창업하겠다는 꿈을 가지니 장사하는 것도 이전처럼 힘들지 않았습니다.

'역시 사람은 꿈을 가져야 돼.'

종환은 한 푼 한 푼 돈이 모일 때마다 제조업을 창업할 꿈에 부풀었습니다. 그래서 몸은 고단해도 힘든 줄 몰랐습니다.

"이 선생이 돈 다 가져가면 난 뭐 먹고 살아?"

상인 박 씨는 종환에게 엄살을 부렸습니다.

처음에는 말주변이 좋은 박 씨가 장사를 잘했지만 그리 오래가지 못했습니다. 박 씨가 비싸게 판다는 소문이 나면서 점차 종환을 찾는 사람들이 많아졌습니다. 사람들은 종환의 정직함을 신뢰하고 물건을 사기 시작했습니다. 그럴 때마다 종환은 신바람이 났습니다. 비록 장사에 소질은 없지만 정직하게 열심히 일하고 절약하니 돈이 제법 모였습니다.

그동안 커다란 꿈을 갖고 일본으로 유학을 갔지만 태평양 전쟁으로 인해 학업을 마치지 못했습니다. 정미소 사업은 번창했지만 몸이 아파 죽을 고비를 넘겼고, 6·25 전쟁이 잦아들자 다시 정미소

사업을 했지만 기계 고장으로 폐업을 할 수밖에 없었습니다. 눈을 감으면 지난 날들이 주마등처럼 스쳐 지나갔습니다.

'이제야 희망이 보이네. 절망하지 않았기 때문에 희망이 온 거야. 나는 앞으로도 잘할 수 있어, 정말 잘할 수 있을 거야.'

종환은 자신을 스스로 위로했습니다. 너무 힘들었던 시간들이었지만 절망하지 않고 오로지 앞만 바라보며 걸어왔던 자신이 대견스러웠습니다.

종환은 희망을 잃지 않는 자에게 반드시 길이 열린다는 신념을 갖게 되었습니다. 그리고 자신이 품고 있던 꿈이 이루어질 날이 점점 다가오고 있다는 것을 직감적으로 느꼈습니다.

삼영화학 공업사를 설립하다

성실하게 장사를 한 지 몇 년이 지나자 종환은 제법 종잣돈을 모을 수 있었습니다. 그때부터 종환은 계획했던 제조업을 하기 위해 시장 조사를 하러 다녔습니다.

"이 선생, 요즘 어딜 그렇게 다녀요?"

박 씨가 물었지만 종환은 빙그레 웃기만 하였습니다. 종환은 사람들이 필요로 하는 것이 무엇인지, 그것을 어떻게 만들어야 사업이 번창할 수 있는지 연구하고, 고민하느라 온종일 여기저기 돌아다녔습니다. 그래도 종환은 피곤하지 않았습니다. 새로운 일을 준비하는 종환의 마음은 설렘으로 가득 찼습니다.

당시 시장에는 플라스틱 사업이 장래성이 있어 보였습니다. 플라스틱 생활 용품은 깨지지 않아 인기가 좋았습니다. 6·25 전쟁으로 살림살이가 다 깨지고 남은 게 없던 시절이라 당장 사용할 생활 용품들이 필요한 시절이었습니다. 그래서 모든 사람이 생활에서 유용하게 쓸 수 있는 생활 용품을 플라스틱으로 만들어 보자는 결론을 내렸습니다.

종환은 제조업을 창업하기 위해 새로운 도전 앞에 섰습니다. 서울 제기동에 허름한 창고를 빌려, 사출기 한 대를 마련하여 플라스틱 제조업의 첫발을 내디뎠습니다. 사출기는 그릇 모형을 만들어 모양대로 찍어내는 기계를 말합니다. 그리고 일 년 동안 밤낮으로 기계를 돌려 모은 돈으로 영등포구 영일동에 비로소 공장다운 터를 마련하여 '삼영화학 공업사'라는 간판을 걸었습니다. 종환은 최고가 되겠다는 의지를 담아 '왕관'을 회사의 상징 마크로 직접 디자인하였습니다.

회사 간판을 볼 때마다 종환의 가슴은 뛰었습니다. 비록 규모는 작은 공장이지만 이곳에서 꿈을 키우며 힘

찬 미래를 열어 나가리라 다짐하였습니다.

하루는 친구들과 함께 술을 마시던 종환은 술잔에 눈길이 갔습니다. 술잔이 하나같이 색깔도, 모양도 너무 촌스럽다는 생각이 들었습니다. 그 순간 종환의 머릿속에는 멋진 술잔을 만드는 아이디어가 샘솟았습니다.

'내가 한 번 만들어 볼까?'

종환은 더 이상 자리에 앉아 있을 수 없었습니다.

"미안하지만, 나 먼저 일어남세."

"이봐, 종환. 갑자기 어딜 가려는 건가?"

"급한 용무가 생각나서, 미안하네."

붙잡는 친구들을 뒤로하고 종환은 바로 공장으로 달려갔습니다. 아무리 가난한 시대라지만 사람들은 예쁜 모양과 색깔을 지닌 컵을 더 좋아할 것이라 생각했습니다.

'그동안 어디서도 보지 못했던 새로운 컵을 만들어 낸다면 충분히 상품성도 있을 것이고, 그러면 사업도 번창할 것이고……'

종환은 머릿속에 있는 아이디어를 풀어내며 바빠졌습니다. 먼저 예쁜 색깔을 내기 위해 독일에서 안료를 수입하고, 멋진 모양을 만들기 위해 밤낮없이 디자인 연구에 몰두하였습니다. 술잔은 시중에 없던 녹색으로 디자인했습니다. '어떻게 하면 술이 더 맛있게 느

껴질까' 하는 고민에서 나온 아이디어였습니다. 컵에 윗부분을 빙 돌아가며 동그라미 무늬를 넣어 보기도 하고, 물결무늬를 넣어 보기도 하였습니다.

그렇게 해서 만들어진 술잔과 여러 종류의 컵을 보자기에 싸서 동대문 시장 그릇 가게로 갔습니다.

"안녕하세요? 제가 이번에 만든 새로운 제품입니다. 한 번 팔아 보시고, 반응이 괜찮으면 앞으로 계속 공급하겠습니다."

"컵이 새로워 봤자 컵이지, 특별할 게 뭐 있어."

그릇 가게 주인들은 보자기를 푸는 이종환을 보며 마뜩잖아 했습니다.

"사장님, 잘 좀 봐 주십시오. 부탁드립니다."

종환은 직접 한 사람 한 사람을 찾아다니며 자신이 디자인한 컵에 대해 설명했습니다. 종환이 허리를 굽혀 인사하고 사정사정하여 새로 만든 물건을 여러 가게에 진

열한 뒤, 다시 공장으로 돌아왔습니다. 공장으로 돌아온 종환은 잠시도 쉬지 않고 어떻게 하면 더 나은 제품을 만들까, 어떤 제품을 만들어야 상품성이 있을까. 색깔, 모양, 실용성에서 완벽한 생활용품을 만들어내기 위해 연구에 몰두했습니다.

마침내 이종환의 끝없는 노력이 통했나 봅니다. 동대문에 있는 그릇 가게에 술잔과 컵을 선보인 지 며칠 지나지 않아 술잔과 컵은 날개 돋친 듯이 팔렸습니다.

"대박일세, 대박이야! 손님들이 이것만 찾는다고!"

"이거 더 주문함세. 우리 가게부터 물건을 줘야 해!"

동대문에 있는 그릇 가게 주인들은 서로 많은 주문을 하느라 아우성이었습니다. 공장에 있는 작은 사출기로는 그 주문량을 맞추기 어려울 정도였습니다. 종환은 자신이 디자인한 컵이 인기를 얻자 기뻤지만 한편으로는 안타까웠습니다.

'한꺼번에 많은 컵을 만들어 낼 수 있는 대형 사출기가 있다면 얼마나 좋을까?'

이제 종환이 굳이 가게들을 찾아다니지 않아도 주문은 늘 폭주했습니다. 종환은 이를 바탕으로 조금씩 회사를 키워 나갔습니다.

기회는 준비된 사람에게만 온다

하루는 종환이 은행에 일을 보러 갔을 때였습니다.

"이 사장님, 플라스틱 공장을 운영하신다고 하셨죠? 혹시 철도청에 부품을 공급해 보실 생각은 없으십니까?"

김상순이라는 사람이 이종환에게 새로운 사업을 제안했습니다. 오며가며 마주칠 때 인사를 나누던 사이였는데, 은행에서 순서를 기다리며 사업 이야기를 하던 중 종환에게 제안을 해 온 것입니다.

"철도의 레일을 지지하는 중요한 부품으로 플라스틱 볼트를 공급하기로 한 업체가 있는데요. 지금 사정이 생겨 볼트 생산을 못 하

고 있어요. 그래서 납품 기한이 한참이나 지나 애태우고 있는 중입니다."

침목은 기차 레일을 고정시키고, 충격과 소음을 흡수하는 역할을 합니다.

제안을 들은 이종환은 깊은 고민에 잠겼습니다.

'철도청 사업이니 주문 물량은 많을 거야. 동대문 시장에 납품하는 생활 용품보다 규모도 훨씬 클 것이고. 그러나 잘나가는 생활용품을 접고, 만약 볼트 납품 일이 잘 안 될 경우엔 어떻게 하지?'

이종환은 쉽게 결정을 내리지 못했습니다. 갑자기 찾아온 새로운 사업이 기회인지, 아니면 그 반대일지 판단하기가 쉽지 않았습니다. 며칠 동안 고민을 거듭한 끝에 종환은 플라스틱 볼트 생산 사업을 시작하기로 결정했습니다.

철도 레일의 규격은 모두 통일되어 있어 볼트 생산은 단순한 생산 작업이었습니다. 우연한 기회로 시작한 일이었지만 생활 용품을

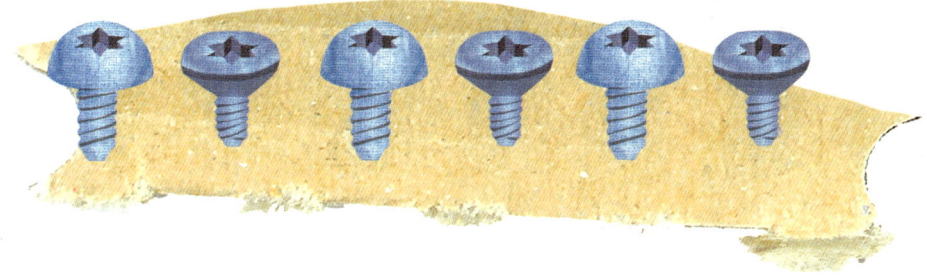

만들 때보다 볼트를 만들어 납품하니 수익이 제법 괜찮았습니다.

그러나 기쁨도 잠깐이었습니다. 어느 날 철도청 직원이 찾아와서 소식을 전했습니다.

"동아 건설에서 철로 볼트를 만들어 특허를 냈습니다."

플라스틱 볼트를 생산한 지 3년 만의 일입니다.

철로 만든 볼트는 플라스틱 볼트보다 훨씬 튼튼했습니다. 철로 만든 볼트가 생산되자 그동안 사용하던 플라스틱 볼트는 철로 만든 볼트로 모두 대체되었습니다. 플라스틱 볼트의 생명이 다한 것입니다. 삼영화학은 플라스틱 볼트의 생산을 중단할 수밖에 없었습니다.

이번 일을 계기로 이종환은 크게 깨달았습니다.

'기업을 경영하는 일이란 마치 전쟁터와 같구나. 순간순간의 위기를 극복하지 못하면 살아남지 못할 것이라는 말이 실감난다.'

한순간에 플라스틱 볼트의 납품 일이 끊겼습니다. 다른 일을 멈

추고 볼트 납품에 전념한 터라 공장은 위기를 맞았습니다. 그러나 종환은 좌절하지 않았습니다. 언젠가는 이런 날이 오리라고 생각했기 때문입니다.

  이를 대비해 이종환은 플라스틱 볼트를 만들어서 모은 돈을 기계 설비에 투자했습니다. 언제든지, 어떤 일이든지 새로운 시대에 발 맞춰 일을 시작할 수 있는 만반의 준비를 갖춘 셈이지요.

  이것이 바로, 미리 준비를 철저히 해서 후에 근심이 없게 만드는 이종환의 '유비무환' 정신입니다.

멈추지 않는 도전 정신

1960년대 이후 중화학 공업이 발전하기 이전까지 우리나라에서 가장 많이 수출하는 품목은 섬유였습니다. 섬유를 수출할 때는 규격에 맞게 포장을 해서 배에 실어야 합니다. 그런데 당시 우리나라에는 포장재를 만드는 회사가 없었습니다. 섬유를 수출하는 국내 업체들은 일본 오사카에서 포장재를 수입할수 밖에 없었습니다. 포장재를 수입하다 보니 값은 비싸고, 바다를 건너와야 하기 때문에 날짜도 제대로 맞추지 못하는 경우가 허다했습니다. 그러다 보니 수출 납기일을 지키지 못해 섬유 회사들의 불만이 끊이지 않았습니다.

"포장재 문제를 삼영화학에서 해결할 방법이 없을까요?"

하루는 섬유 회사를 경영하는 이용구 사장이 이종환을 찾아와서 불쑥 말을 꺼냈습니다.

"포장재요?"

이종환의 귀가 번쩍 뜨였습니다.

그렇지 않아도 새로운 사업을 구상하던 이종환에게 매우 반가운 소식이었습니다. 더구나 한국에 포장재를 만드는 회사가 하나도 없다니 틀림없는 기회라고 생각했습니다. 이종환은 지체없이 시장 조사에 들어갔습니다.

'섬유 수출을 이렇게 많이 하는데 우리나라에서 포장재 생산하는 곳이 단 한 곳도 없다니……. 모두 수입에만 의존하니 무책임하게 날짜를 어기는 것이지. 그러니 계속 문제가 생길 수밖에. 그렇다면 우리 삼영화학에서 한번 해 보자. 충분히 승산이 있어!'

이종환은 시장 조사를 하면서 안타까움과 새로운 포장재 사업에 대한 희망이 눈에 보였습니다. 포장재 사업은 삼영화학이 성장할 수 있는 절호의 기회이자, 포장재로 어려움에 처한 섬유 회사들에게는 구세주가 될 것이라는 확신이 들었습니다.

그러기 위해선 먼저 포장재 기계를 국내에 들여와야 했습니다. 국내에는 포장재를 생산할 수 있는 기계가 없었기 때문입니다. 이

종환은 마음먹은 즉시 일본 출장길에 올랐습니다. 할 수 있다는 신념 하나로 포장재 기계를 판매하는 일본의 〈짓소엔지니어링〉이라는 회사에 무작정 찾아갔습니다.

"안녕하십니까, 저는 한국에서 삼영화학을 운영하는 이종환이라고 합니다. 포장재 기계를 수입하고 싶어 찾아왔습니다."

〈짓소엔지니어링〉의 대표는 처음 보는 사람이, 그것도 한국인이 찾아와서 기계와 기술을 이전해 달라고 하니 선뜻 답을 주지 않았습니다. 하지만 여기서 쉽게 물러설 이종환이 아니었습니다.

'어차피 쉽게 허락할 것이라고는 생각조차 안 했다! 유비도 제갈공명을 모시기 위해

삼고초려하지 않았는가.'

이종환은 며칠 동안 일본에 머물면서 날마다 〈짓소엔지니어링〉 대표를 찾아가 끈질기게 설득하였습니다.

"내가 졌소, 하하하."

결국 〈짓소엔지니어링〉 대표는 이종환의 끈기 있는 모습에 반하여 마침내 수락하였습니다. 그래서 이종환은 포장재를 만들 수 있는 기계 두 대를 한국으로 들여올 수 있었습니다.

삼영화학에서 포장재를 생산한다는 사실이 알려지자 여기저기서 주문이 빗발쳤습니다. 기계 두 대로 시작한 포장재 사업은 그 이듬해 기계가 열세 대로 늘어났습니다. 삼영화학의 포장재 사업은 더욱 발전하였습니다.

특히 일본에서 모두 수입해야 했던 포장재를 국내에서 생산하니 섬유 회사들은 시간과 비용을 절약할 수 있어 좋아했습니다. 이종환은 단순한 장사꾼이 아니라 수출하는 섬유 회사들의 어려움을 해결해 주는 진정한 기업인으로서 긍

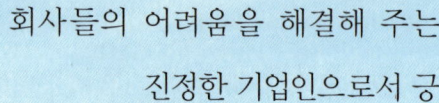

지와 자부심을 갖게 되었습니다.

이종환의 도전은 여기서 멈추지 않았습니다. 끊임없이 새로운 아이디어를 생각하고, 연구하며 새로운 산업에 도전하였습니다.

포장재 사업을 기반으로 하여 국내 최초로 식품 포장용 랩을 개발했습니다. 이어서 국내 최초이자 세계에서 다섯 번째로 〈콘덴서용 초박막 캐파시터 필름〉을 개발하는 데 성공하였습니다. 캐파시터 필름이란 전자 제품 부품 속에 전기를 모으거나, 통하지 않게 하는 데 꼭 필요한 핵심 소재입니다. 현재까지도 삼영화학의 초박막 캐파시터 필름이 세계 최대 메이커로 자리 잡고 있습니다. 이는 캐파시터 필름이 전량 일본에서 수입하던 때에 우리 기술로 일구어 낸 커다란 성과입니다.

이종환은 늘 남보다 먼저 앞을 내다보는 사업적 직관력이 뛰어났습니다. 이는 항상 책을 가까이하는 독서 습관과 밤낮없이 현장에서 경험하는 그의 끝없는 노력의 결과입니다.

만약 이종환이 작은 성공에 만족하고 안주하였다면 삼영화학의 발전은 없었을 것입니다. 플라스틱이라는 신소재를 활용하여 생활용품에서 고부가가치를 창출하는 필름 산업까지, 그의 멈추지 않는 도전 정신이 오늘날의 삼영화학을 만들어 낸 것입니다.

큰 구두쇠
이종환

　　　　　　　　　　이종환은 어릴 때부터 할아
버지와 부모님께 절약 정신을 배웠습니다. 농촌에서 비교적 큰 농
토를 가진 부유한 집안이었지만, 남보다 아끼고 절약하면서 어려운
이웃들에게 베풂을 실천하는 어른들의 모습을 통해서 자연스럽게
익힌 것입니다. 여기에 더하여 일제 강점기 때 학병으로 끌려가 나
라 잃은 서러움을 경험한 것도 절약 정신으로 이어졌습니다.

　'우리나라가 잘사는 나라였다면 식민지도 되지 않았을 것이고,
그 많은 젊은이들도 강제 징용을 당해 비참함을 겪지 않았을 것이
다. 어서 빨리 경제적인 안정을 찾는다면 국가의 힘은 저절로 생길

텐데, 그런 날이 빨리 왔으면……'

이종환의 마음속엔 늘 우리나라가 잘사는 나라가 되기를 바라는 소망이 있었습니다. 그리고 부자가 되기 위해서는 아끼고 절약하는 것뿐만 아니라 인재를 잘 키워서 경제가 성장할 수 있도록 돕는 일이 매우 중요하다고 생각했습니다.

이종환을 곁에서 지켜본 삼영화학 직원들은 이렇게 말합니다.

"우리 회장님은 진짜 구두쇠예요. 지금도 돈 쓰는 걸 무진장 아끼세요. 음식점에 가면 가장 값이 싼 음식으로 먹습니다. 그것뿐이 아닙니다. 한 달에 두세 번씩 해외 출장을 갈 때도 단 한 번도 일등석을 탄 적이 없어요."

회사를 위해서는 아낌없이 투자하지만 정작 본인을 위해서는 작은 돈도 아끼고, 절약하여 구두쇠라는 별명까지 듣습니다. 그러나 이종환은 주변의 이야기에도 그저 허허 웃고 맙니다. 오히려 스스로를 큰 구두쇠라고 부릅니다.

어느 날, 이종환 회장과 일본으로 출장을 가게 된 김 상무는 많은 기대를 하며 즐거운 상상을 했습니다.

'도쿄에서 일을 마치면 일본 관광 좀 하겠구나. 온천에 가서 피로도 풀 수 있겠고. 회장님과 함께 가는 출장이니 맛있는 음식도 많이 먹을 수 있겠지?'

하지만 출장 첫날, 공항에서부터 김 상무의 바람은 산산이 무너지고 말았습니다.

"회장님, 아무래도 티켓이 잘못된 것 같습니다. 이코노미석으로 예매가 되어 있습니다."

"아닐세, 이코노미석 맞네. 가까운 거린데 이코노미석이면 어떤가? 내가 예매한 걸세."

"네? 아무리 그래도 회장님이신데……."

김 상무는 비행기 표가 잘못된 줄 알았습니다. 설마 회장님이 편한 비즈니스석이 아닌 일반 이코노미석을 탈 줄은 몰랐으니까요. 비행기 표를 직접 예매했다는 말에도 깜짝 놀랐습니다. 보통의 회장님들은 비서들이 표를 예매해 주기 때문입니다.

김 상무의 놀라움은 일본 출장 내내 이어졌습니다.

"일본은 택시비가 너무 비싸니 지하철로 가세."

이종환은 비행기에서 내리자마자 여행 가방을 끌고 지하철역을 향해 앞서서 걸어갔습니다.

'점심은 맛있는 것 좀 사 주시겠지. 일본이니까 역시 회를 사 주시려나?'

배에서 꼬르륵 소리가 날 정도로 허기가 진 김 상무는 맛있는 점심을 상상하며 입맛을 다셨습니다. 하지만 이종환은 오사카역에

서 점심으로 먹을 도시락을 샀습니다.

"여행 중에는 도시락이 최고야. 시간 절약되지, 돈 절약되지. 비싼 음식점 가 봐야 돈만 낭비지 뭐 있나?"

그리고 숙소도 호텔이 아닌 일본 출장 때마다 이용하는 낡은 전통 여관이었습니다. 그것도 김 상무와 같은 방을 이용했지요.

일을 마치고 숙소로 돌아가는 길에는 생수를 몇 병씩 샀습니다. 여관에 있는 생수를 마시려면 값이 두세 배나 비싸기 때문입니다.

"김 상무, 나 따라다니느라 고생 많았지? 저녁이나 먹으세."

출장을 마치고 한국으로 돌아온 이종환은 김 상무와 함께 식당에 갔습니다.

'드디어 맛있는 걸 먹을 수 있겠구나!'

잔뜩 기대에 부풀어 메뉴판을 보던 김 상무는 맞은편의 이종환을 보고 또 깜짝 놀랐습니다. 보통 사람들은 무엇을 먹을 것인지, 메뉴판 왼쪽에 씌어 있는 음식 이름을 먼저 보지만 이종환은 오른쪽에 씌어 있는 값을 열심히 보고 있었습니다.

평소에 이종환은 회사에서도 값비싼 음식을 사먹지 않고 직원들과 함께 회사 식당에서 점심을 먹는 것으로 유명했습니다. 어디에서나 절약을 몸소 실천했던 것이지요.

김 상무는 비록 호화스러운 일본 여행을 기대해서 실망했지만, 이종환의 한결같은 모습에 존경심이 생겼습니다.
  이종환은 사람들 앞에서 보여 주기 위해 일부러 구두쇠처럼 행동하는 것이 아니라 자연스럽게 절약하는 습관을 실천했습니다. 이런 절약 습관은 회사를 키워나가는 힘이 되니 '큰 구두쇠'라는 별명이 오히려 자랑스러운 것입니다.

구두쇠 경영 철학

　　　　　　　　　　　　이종환은 척박한 산업 환경 속에서도 무에서 유를 창조했던 대한민국 창업 1세대입니다. 일제 강점기를 지나 마침내 해방이 되었지만, 자리도 잡기 전에 민족의 아픔인 6·25 전쟁이 일어났습니다. 그 시기에 우리나라는 더욱더 혼란스러웠습니다. 이러한 환경에서 사업을 하기 위해서 구두쇠가 되지 않으면 살아남기 힘든 시대였습니다.

　'나를 위해 남을 상하게 하지 않을 것. 내 이익을 위해 남을 손해 보게 하지 않을 것.'

　이종환은 스스로 이러한 원칙을 세웠습니다. 이 원칙을 분명히

지키면서 기업 활동을 하여 이윤 추구를 한다면 구두쇠라는 말을 들어도 결코 부끄러운 일이 아니라고 생각했습니다. 기업은 이윤을 목적으로 하는 것인데, 돈을 벌려면 구두쇠 소리를 듣는 건 당연한 것이었습니다.

"정말 지독한 구두쇠 양반이야."

"저렇게 벌어서 나중에 다 어디에다 쓰려고 하는 거야?"

"이종환 회장은 정말 차갑고 냉정하다니까."

다른 사람들이 뒤에서 이렇게 수군거리는 걸 알고 있었지만 이종환은 신경 쓰지 않았습니다. 자신의 마음속에 있는 꿈, 그 꿈을 이루기 위해서 묵묵히 앞을 향해 걸어가는 것입니다. 이것이 바로 이종환이 언제나 굽히지 않고 실천하는 '구두쇠 경영 철학' 입니다.

구두쇠 경영 철학은 아낄 때 아끼고, 쓸 때 쓰는 것을 말합니다. 이종환은 자신을 위해서는 구두쇠라 불릴 만큼 아끼고 절약하지만, 기업을 위해서는 돈을 아끼지 않습니다. 최고의 인재와 최고의 시설에 아낌없이 투자해야 최고의 제품을 생산할 수 있다는 것을 잘 알고 있기 때문입니다.

"코앞의 푼돈을 아끼려다 뒤에 큰돈을 낭비하는 일이 있지. 작은 구두쇠는 늘 이런 실수를 하지만 큰 구두쇠는 10원이라도 허튼 돈은 안 써. 그러나 꼭 필요하다고 생각되는 일에는 아무리 큰돈이라

도 흔쾌히 쓰지. 이게 바로 구두쇠 경영 철학이야."

 이러한 구두쇠 경영 철학이 1997년 IMF 경제 위기 시절, 전국의 회사들이 줄줄이 문을 닫을 때도 삼영화학을 끄떡없이 버틸 수 있게 해 준 힘입니다.

정도의 길을 걷다

삼영화학을 설립한 뒤 이종환은 언제나 회사가 가장 최우선이었습니다. 남이 쉴 때도 일하고, 밥 먹는 시간, 잠자는 시간까지 아껴 가며 오로지 일 속에 묻혀 살았습니다.

"우리 회장님은 좀 유별난 분이세요. 직접 전화하셔서 공장에 기계는 잘 돌아가는지, 오늘 나온 제품은 문제가 없는지, 사원들은 별일 없는지 물으신다니까요? 어쩜 그리 공장 돌아가는 현황에 대해 잘 아시는지, 마치 공장을 옆에서 보는 것처럼 말씀하세요."

구미 공장에 한 직원은 이종환 회장이 직접 전화해서 기계와 제

품을 점검하니 깜짝 놀랐다고 합니다.

이종환은 직원들의 전화번호와 이름도 줄줄이 외웁니다. 김해 공장, 구미 공장, 청주 공장, 중국 다롄 공장 등에 궁금한 일이 생기면 직접 전화하여 수시로 의견을 나눕니다. 그런 덕분에 제품을 생산하지 못해 약속을 어겨 본 적이 없습니다.

"미국의 경영 이론보다 더 중요한 것은 경험이다. 대학원보다 더 중요한 것은 현장이며, 경험이다. 제조 업체에 입사했으면 생산 제조 실무를 파악할 수 있는 부서에 가라. 여건이 좋거나 안 좋거나 거기서 경험을 쌓아야 클 수 있다."

이종환은 언제나 경험을 강조합니다. 그래서 제조 업체인 자회사의 사원들을 현장에서 경험할 수 있도록 합니다. 그래야 생산하는 제품의 특성에 대해 알고, 문제가 생

기면 바로 수정할 능력이 생기니까요.

  이처럼 유별난 이종환의 회사 경영 방식 때문인지 그 밑에 유별난 사원들도 존재합니다. 그러니 지금껏 기계 작동을 잘못해서 불량품을 만들거나 기계 결함이 있어서 제품을 생산하지 못하는 일은 거의 없었습니다.

  이종환은 기업을 경영하면서 불의와 타협하지 않기로도 유명합니다.

  특히 제조업을 하려면 정치인과 잘 지내는 처세술이 필요한 시대였습니다. 그러나 이종환은 정치인과 타협하는 처세술보다는 정직과 성실함으로 기업을 경영하였습니다.

"쉽게 갈 수 있는 길을 앞에 두고 왜 먼 길을 돌아가나요?"

"돈 버는 벌레가 되기보다는 나의 원칙과 신념을 지키는 기업가가 되고 싶습니다."

  이종환의 타고난 성품은 비굴하게 권력에 고개 숙이고 사정하지

정도의 길을 걷다

않습니다. 차라리 좀 더 힘 들더라도 정직하게 기술로써 승부하며 '정도(正道)' 즉, 바른 길을 가고자 하는 굳은 신념이 있습니다. 기업의 목적이 이윤을 추구하는 것이지만 올바른 방법이 아니라면 그것은 떳떳하지 못한 것이기에 그 어떤 유혹에도 이종환은 흔들리지 않았습니다.

나눔을 실천하는 기업인

하루는 마산 고등학교에서 교사로 있는 친구가 이종환을 찾아왔습니다.

"요즘 사업은 어떤가?"

"이제 시작이니 자리를 잡아가고 있는 중일세."

"아직은 사정이 어렵겠구려."

"지금은 누구나 다 어려운 시대지 뭐. 마산에서 여기까지 놀러오지는 않았을 테고, 나한테 뭔 볼일이라도 있는가?"

이종환은 분명 친구가 자신한테 볼일이 있어서 왔다고 생각했습니다. 그래서 말하지 못하고 망설이는 친구에게 먼저 물었습니다.

"볼일은 무슨……. 자네가 사업을 한다고 하니 한 번 들러본 걸세. 잘하고 있는 것 같으니 이제 감세."

친구는 황급히 일어서며 말했습니다.

"이보게, 뭔 일인지는 모르지만 일단 들어나 보세. 자네가 이렇게 가고 나면 내 마음이 편하겠는가?"

이종환은 일어서는 친구를 다시 앉혔습니다.

"사실 우리 학교가 어떤 학교인가? 경남의 수재들이 모인다는 마산 고등학교 아닌가. 그런데 그 아이들이 집안 형편이 어렵다고 학교를 떠나고 있네. 똑똑한 아이들이 돈 없다고 학교를 그만두는데 내가 구경만 할 수 있어야지. 겨우 할 수 있는 방법이 이렇게 동문들 찾아다니며 부탁하는 것밖에 없으니 안타까울 뿐이네. 그렇다고 부담 갖지 말게. 답답해서 자네한테 하소연한 것이니."

친구가 씁쓸해하며 어렵게 말을 꺼냈습니다.

아이들의 장학금을 부탁하려고 종환을 찾아왔지만, 종환 역시 사정이 어렵다는 걸 알고 친구는 돌아가려고 한 것입니다. 1960년대 초, 삼영화학이 자리 잡기 전이라 경영 상태가 매우 어려운 시기였습니다.

그러나 종환은 아무리 회사가 어렵다고 해도 돈이 없어 학업을 중단한다는 후배들의 이야기를 들으니 그냥 지나칠 수 없었습니다.

잠깐 망설이던 종환은 문득 해방 전 자신의 모교인 의령 국민학교의 교사로 지냈던 경험이 떠올랐습니다. 당시에는 교사가 부족했기 때문에 학교 졸업생 중에 일본 유학 경험이 있던 종환이 잠시 일하게 된 것입니다. 종환은 비록 교육학에 대해 배운 적은 없었지만 고향의 후배들에게 꿈과 희망을 알려 주어야겠다는 생각으로 가르쳤습니다.

그렇게 초등학교 교사가 되어 아이들을 가르치던 어느 날, 공부도 잘하고 착실했던 학생이 결석을 했습니다. 첫날은 그저 몸이 아픈가 보다 했지만, 학교에 안 나오는 날이 길어지자 종환은 학생의 집을 방문했습니다. 주소를 들고 물어물어 겨우 찾아간 학생의 집은 거의 다 쓰러져 가는 초가집이었습니다.

"계십니까?"

마당으로 들어선 종환의 눈에 집안일을 거들고 있던 학생이 보였습니다.

"서……선생님……."

아이는 당황한 듯 얼굴이 빨개진 채 쭈뼛거리며 서 있었습니다. 종환은 학생의 부모님을 만나 이야기를 나누었습니다.

"민수가 공부를 참 잘합니다. 열심히 배우면 큰 인물이 될 아이예요."

"저희도 학교에 보내고 싶습니다. 그렇지만 월사금 낼 형편이 못돼 그럽니다. 용서해 주세요."

지금은 초등학교가 의무교육이지만 당시에는 월사금이라 하여 매월 일정 금액을 내야만 학교에 다닐 수 있었습니다. 사정을 들은 종환은 안타까웠지만 도와줄 형편이 되지 않았던 터라 그저 돌아설 수밖에 없었습니다.

종환은 긴 기억 속에서 빠져나와 입을 뗐습니다.

"이보게 친구, 내가 좀 어렵긴 하지만 후배들의 장학금은 매년 보내 주겠네."

이종환은 동창에게 매년 장학금을 보내 주기로 약속했습니다. 그 뒤로 이종환은 한

해도 거르지 않고, 해마다 장학금 액수를 늘려 가며 모교에 전달했습니다. 이종환의 장학금을 받는 학생들이 점점 늘어나고, 그 장학생들이 성장하여 국가의 인재로 훌륭히 자라났습니다.

"이 회장님이 주신 장학금은 형편이 어려운 제가 꿈을 잃지 않고 공부할 수 있게 해 주었습니다. 제 삶에 희망이 되었던 장학 증서와 편지는 오늘의 내가 될 수 있도록 해준 최고의 선물이었습니다. 항상 잊지 않고 기억하겠습니다."

장학금을 받은 많은 학생들이 이러한 편지들을 보내옵니다. 그럴 때마다 이종환은 작은 씨앗이 열매 맺은 것 같아 기뻤습니다.

노블레스 오블리주

이종환은 모교에 장학금을 전달하면서 생각했습니다. 어떻게 하면 더 많은 장학금을, 더 많은 젊은이들에게 줄 수 있을까. 언제든 기회가 되면 기업을 통해 모은 재산으로 젊은이들이 맘껏 꿈을 키우며 사는 일에 나눠야겠다고 마음먹었습니다.

이것이 바로 '노블레스 오블리주' 정신입니다.

'노블레스 오블리주'란 배운 사람들이 배우지 못한 사람들에게 길을 열어 주고, 가진 사람이 가지지 못한 사람들에게 베풀고, 권력 있는 사람이 힘없는 사람들을 돌보아 주어야 할 사회적 책무가

있다는 뜻을 지닌 프랑스 말입니다.

 이종환은 오랜 역사를 지닌 노벨재단에 관한 책을 보았습니다.

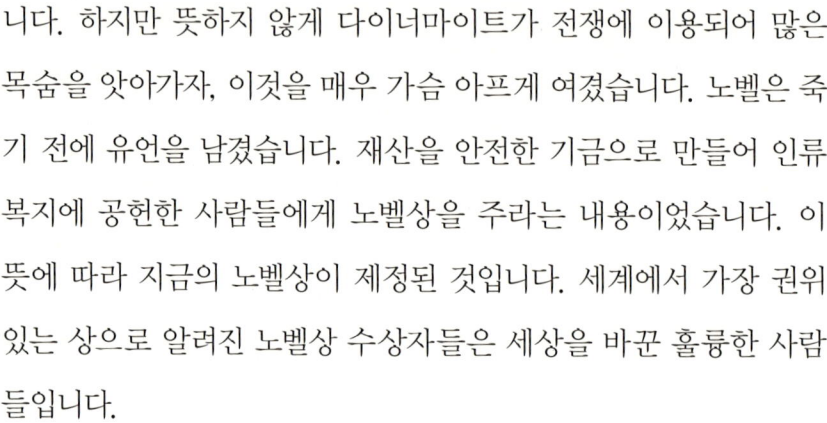

 노벨은 발명한 다이너마이트가 문명을 건설하는 공사에 유용하게 쓰이게 되어 유럽 최고 부자가 되었습니다. 하지만 뜻하지 않게 다이너마이트가 전쟁에 이용되어 많은 목숨을 앗아가자, 이것을 매우 가슴 아프게 여겼습니다. 노벨은 죽기 전에 유언을 남겼습니다. 재산을 안전한 기금으로 만들어 인류 복지에 공헌한 사람들에게 노벨상을 주라는 내용이었습니다. 이 뜻에 따라 지금의 노벨상이 제정된 것입니다. 세계에서 가장 권위 있는 상으로 알려진 노벨상 수상자들은 세상을 바꾼 훌륭한 사람들입니다.

 이종환은 노블레스 오블리주를 더 큰 행동으로 옮기는 구상을 하였습니다.

 '노벨재단은 인류의 꿈이 사라지지 않는 한 인류 역사의 발전과 함께 영원할 것이다. 비록 〈관정 교육재단〉이 한 세기 늦게 출발하

지만 노벨재단처럼 인류 역사의 발전과 함께 영원할 것이다.'

이종환은 노벨재단처럼 기금을 안전하게 운용하기 위해서는 무엇보다도 재정이 튼튼해야 한다고 생각했습니다. 그래서 회사와 집을 모두 재단에 내어 놓았습니다.

그리고 2000년 6월 〈관정 이종환 재단〉을 설립하였고, 2002년 4월 30일 〈관정 이종환 교육재단〉으로 이름을 바꿔 첫 장학금을 지원하였습니다.

"그렇게 돈을 짜게 벌어서 뭘 하려고 하나 했더니 좋은 일에 쓰려고 했구만. 참 놀라운 일이야!"

"그 돈을 어떻게 모은 건데 다 내놓다니 믿을 수 없어. 다른 속셈이 있을 거야."

"아무리 좋은 뜻이지만 다 내놓을 필요까지야 없지 않을까? 바보가 아닌 다음에야……."

"진짜 큰돈은 따로 감춰 두고 쇼하는 거 아냐?"

〈관정 이종환 교육재단〉의 장학 사업이 언론에 알려지자 사람들

은 의심의 눈초리를 보냈습니다. 기업인이 평생 벌어 모은 돈을 어떻게 장학 사업에 다 내 놓을 수 있는지 사람들은 의문을 가졌습니다. 그만큼 재산을 사회에 환원한다는 것은 어려운 일입니다.

2002년 4월 학생들에게 첫 장학금을 전달한 뒤로 삼영그룹은 〈관정 이종환 교육재단〉의 적립금을 늘려 갔습니다. 여기에 이종환의 가족들도 주식을 팔아 동참하였습니다.

"지금부터 이 재산은 저의 것이 아니고, 우리 사회 모두의 것입니다. 우리나라와 인류의 발전을 위한 인재 육성에 쓰일 것입니다. 제 여생을 오늘의 이 장학 사업에 바치려고 합니다. 비록 돈을 버는 데는 천사처럼 못했어도 돈을 쓰는 데는 천사처럼 하렵니다."

천사처럼 돈을 쓰겠다는 이종환의 인사말에 둘레는 숙연해졌습니다.

"여러분이 앞으로 세계 1등 인재가 되어 나라와 인류에 크게 이바지하게 되면 그것으로 만족합니다. 재단에 뭔가 갚을 생각이 있다면 여러분 후배들에게 베풀도록 하십시오."

대부분의 기업의 장학 재단들이 장학금을 받으면 졸업 후 그 기업에 입사해야 한다는 조건이 있는 것과 달리 〈관정 이종환 교육재단〉은 아무런 조건 없이 장학금을 줍니다. 그러나 장학금을 받으

려면 까다로운 심사를 거쳐야 합니다.

 이종환은 제조업을 경영하고 있습니다. 그래서 이공계열에 대한 애정이 많습니다. 우리나라 우수한 학생들이 법과대학 등 인기학과에 몰리고, 이공계를 기피하는 현상을 보면서 안타까웠습니다. 그래서 〈관정 교육재단〉은 이공계 학생을 더 많이 선발합니다. 개인의 이익과 취업을 목적으로 하는 학문보다는 기술 개발을 연구하여 세상을 바꾸고, 우리나라의 미래를 보장할 수 있는 이공계 학생들한테 힘을 실어 주기 위해서입니다.
 "누구나 불가능하다고 여기는 일에 뛰어드는 도전 정신『Challenge』, 위기를 기회로 바꾸어 내는 창조 정신『Creation』, 애써 번 돈을 아낌없이 사회에 돌리는 기여 정신『Contribution』, 이 3C 정신을 우리 학생들에게 관정 장학금과 함께 물려주고 싶어요."
 3C 정신은 이종환의 삶입니다. 이종환이 지금까지 기업을 경영하고, 꿈을 일궈낸 정신이지요.
 대한민국의 미래를 위해, 꿈을 가진 젊은이들을 위해 아낌없이 나누는 기업가의 실천은 많은 사람들에게 감동을 주었습니다.

사람이 희망이다

"힘은 머리에서 나오고 앎에서 나온다. 모든 살림을 키우는 것은 돈이나 재산이 아니라 사람이다."

경영인 이종환의 삶의 철학입니다.

평생 근면 성실히 일군 재산을 장학 사업에 내놓을 수 있었던 것은 바로 사람을 최우선으로 하고, 인재를 키워야 한다는 이종환의 강한 신념이 있었기 때문입니다.

"관정 장학생 여러분, 열심히 공부해서 노벨상 수상자가 되기를 바랍니다."

이종환이 관정 장학생들을 만날 때마다 하는 인사말입니다.

해마다 선발되는 관정 장학생들은 세계 각국의 명문 대학과 국내 명문 대학에 진학한 최고의 학생들입니다. 이들 가운데 노벨상을 받는 학생이 나오는 것이 이종환의 간절한 바람입니다. 그래서 대한민국의 미래와 인류 번영을 위해 이바지할 수 있다면 장학재단 설립자로서 더 이상 바랄 게 없다고 생각합니다. 그것도 자연과학 분야에서 노벨상을 받는 한국 최초의 과학자라면 얼마나 큰 기쁨일지 상상만 해도 즐거운 일입니다.

〈관정 이종환 교육재단〉이 설립된 지 어느덧 십여 년의 세월이 흘렀습니다. 국내외 관정 장학생들이 벌써 오천여 명에 이릅니다. 관정의 꿈나무들이 끊임없이 자라고, 꽃이 피어 열매를 맺고, 그 열매가 다시 밀알이 되는 순환 속에서 이 세상은 더 평화롭고 아름답게 펼쳐질 것이라 이종환은 믿습니다. 그 믿음의 주인공들은 관정 장학생이 된 뒤로 세상에 나눔을 펼치고자 각자의 자리에서 자신의 꿈을 가꾸어 가고 있습니다.

그 주인공들을 만나 볼까요?

로봇 공학자의 꿈

저는 어린 시절부터 양 무릎 뼈에 구조적인 문제가 있어 심한 운동을 한 뒤엔 며칠씩 침대에 누워 있어야만 했습니다. 그때 과학 잡지를 읽었어요. 사고로 팔이나 다리를 잃은 환자에게 인공 로봇을 이식해 정상인처럼 활동할 수 있게 하는 연구 내용이 흥미로웠어요. 이걸 보면서 로봇 공학자가 되고 싶은 꿈을 꾸었습니다. 꾸준한 운동을 해서 저는 건강해졌지만 로봇 공학자의 꿈은 바뀌지 않았어요. 특히 이 회장님이 제 꿈을 지지해 주시고, 지원해 주셔서 공부에만 집중할 수 있었습니다. 그래서 로봇 공학자로의 꿈이 더 가까워졌지요. 관정 장학생이 된 뒤로 제 삶의 목표가 오로지 나만을 위한 것에서 우리 사회를 돌아볼 수 있게 변했습니다. 저도 로봇 공학자로서 사회 발전에 기여하고자 합니다.

-서울 대학교 전기공학부 2학년 관정 국내 장학생 3기
신기우

나눔의 의지

미국은 세계 훌륭한 과학자들이 모이는 나라입니다. 국가가 과학 기술에 엄청난 투자를 하니 과학자들이 공부하기 좋은 환경이지요. 저도 언젠가는 그곳에서 공부하리라는 막연한 생각을 하며 유학을 준비하였습니다. 서울 과학고 3학년 때 시카고 대학교에서 입학 허가를 받았고, 그때 관정 장학금을 받았습니다. 그 덕분에 돈 걱정하지 않고 공부할 수 있었습니다. 장학생이 되고 보니 나눈다는 것이 얼마나 가치 있는 일인지 몸소 깨달았습니다. 도움을 받은 사람은 받은 것으로 끝나는 것이 아니라 '나도 도움을 주는 사람이 되어야지' 하는 의지를 갖게 되고, 그 의지는 다시 주위 사람들에게 퍼지는 거죠. 제가 나누고 싶은 것도 바로 이러한 의지입니다.

-하버드 대학교 응용물리학과 박사과정 관정 국외 장학생 7기
이태영

세상에 희망을 주는 사람

저는 어릴 때부터 넓은 세계에 나가서 공부하고 싶었어요. 그래서 유학을 꿈꾸었지요. 하지만 어머니께서는 집안 형편이 어려우니 대학은 한국에서 다니고, 대학원은 외국에 있는 학교로 도전해 보라고 말씀하셨습니다. 어쩔 수 없이 유학의 꿈을 잠시 미뤄 두었지요. 그런데 대원 외국어 고등학교 입학할 즈음 이종환 회장님과 <관정 장학재단>에 대한 신문 기사를 읽었어요. 관정 국외 장학생으로 선발되면 전액 장학금을 받고 미국 대학에 다닐 수 있다는 기사였지요. 가슴이 쿵쿵 뛰었어요. 접었던 유학의 꿈을 다시 펼치며 관정 장학생이 되었습니다. 이종환 회장님이 장학재단을 만들어 나눔을 실천하셨듯이, 저는 분자/세포 생물학과 교수가 되어 학생들이 꿈을 실현할 수 있게 도와주는 멘토가 되고, 뛰어난 연구를 통해 세상에 희망을 주는 사람이 되고 싶습니다.

-하버드 대학교 분자/세포 생물학과 석박사 통합 과정 관정국외 장학생 11기
김수현

로봇 공학자로서 사회 발전에 기여하고 싶은 신기우 학생, 나눔의 의지를 펼치고 싶은 이태영 학생, 세상에 희망을 주고 싶은 김수현 학생, 이 세 학생들에겐 공통점이 있습니다. 바로 '나눔 정신'입니다.
　이종환의 나눔 정신이 관정 장학생들에게 전해졌듯이 장학생들을 통해 또 누군가로 나눔 정신은 이어질 것입니다.
　90세가 넘은 나이에도 불구하고 관정 이종환은 삼영그룹 회장으로서, 관정 교육재단 설립자로서 오늘도 쉬지 않고 기업을 살피며 인재를 키우는 일에 열정을 쏟고 있습니다.
　사람이 곧 희망이기 때문입니다.

1조원 노벨재단을 설립한
이종환 할아버지의 꿈

글 | 이윤
그림 | 민들레

초판 1쇄 발행 | 2014년 4월 24일

펴낸이 | 신난향
편집위원 | 박서경
펴낸곳 | (주)맥스교육(상수리)
출판등록 | 2011년 8월 17일(제 321-2011-000157호)
주소 | 서울특별시 서초구 논현로 83 삼호물산 빌딩 A동 4층
전화 | 02-589-5133(대표전화)
팩스 | 02-589-5088
블로그 | blog.naver.com/kyung_park
홈페이지 | www.maksmedia.co.kr

편집장 | 이성주
편집 | 김경애 최정미
디자인 | 이경미 김아름
영업·마케팅 | 김찬우 박해수
경영지원팀 | 장주열 김란
인쇄 | 삼보아트

ISBN 979-11-5571-137-8 73810
정가 11,000원

*이 책의 내용을 일부 또는 전부를 재사용하려면
  반드시 (주)맥스교육(상수리)의 동의를 얻어야 합니다.
*잘못된 책은 바꾸어 드립니다.